Herder Taschenbuch 1553

Über das Buch

Jugenderinnerungen Goerdelers und lebhafte eigene Erinnerungen lassen die Autorin ihren Vater in seinen Prägungen, seinen Wertvorstellungen und seinem politischen Engagement darstellen. Als heranwachsende Tochter hat sie miterlebt, wie sich ihr Vater, bis 1936 im Amt als Oberbürgermeister von Leipzig, vom Nationalsozialismus zu eindeutiger Stellungnahme herausgefordert fühlt; dann alles daransetzt, den drohenden Krieg zu verhindern, und erbittert darum kämpft, durch den Sturz des NS-Regimes die Zeit der Verbrechen und des mörderischen Kriegs zu beenden.

Nach dem Krieg wurde Goerdelers Widerstandshaltung keineswegs nur anerkannt. Kritische Fragen – von „rechts", ob er nicht doch als Vaterlandsverräter gesehen werden müsse, oder von „links", ob er nicht doch nur ein bürgerlicher Reaktionär gewesen sei – wurden gestellt.

Mit einer Reise nach Leipzig, der Wirkungsstätte Goerdelers als Oberbürgermeister, beginnt die Autorin eine Reise in die Welt ihres Vaters, bringt ihre Erfahrungen und Beobachtungen ein und ergänzt sie durch vielfältiges dokumentarisches Material, um die Persönlichkeit ihres Vaters verständlich zu machen. So ist dieses Originalbuch nicht nur ein aus der Nähe verfaßtes Lebensbild Carl Goerdelers. Es ist auch ein reflektierender Rechenschaftsbericht, geschrieben für eine Generation, die die Herausforderungen der Hitlerzeit nicht erlebt hat.

Über die Autorin

1919 in Königsberg/Ostpr. als Tochter des damaligen Bürgermeisters Carl Goerdeler geboren. Mit 4 Geschwistern zunächst in der ostpreußischen Heimat der Eltern und Großeltern aufgewachsen. Ab 1930, als der Vater zum Oberbürgermeister von Leipzig gewählt worden war, dort zur Schule gegangen. Nach dem Abitur Arbeitsdienst und Studium der Geschichte. 1943 Promotion, 1944 1. Staatsexamen für das Höhere Lehrfach.

Nach dem 20. Juli 1944 in Sippenhaft, zunächst im Polizei-Gefängnis von Leipzig, später in den Konzentrationslagern Stutthof, Buchenwald, Dachau. Im Mai 1945 Befreiung durch die Amerikaner.

Von Herbst 1945 bis 1984 im baden-württembergischen Schuldienst als Lehrerin, Ausbilderin von Studienreferendaren, Schulleiterin. Verwitwet, zwei Söhne, vier Enkel.

Marianne Meyer-Krahmer

Carl Goerdeler
und sein Weg
in den Widerstand

Eine Reise in die Welt meines Vaters

Herder Taschenbuch Verlag

Originalausgabe
erstmals veröffentlicht als Herder-Taschenbuch

Umschlagfoto: Ullstein Bilderdienst, Berlin

Inhalt

Ein Blick zurück 7

Die alte Welt – Schneidemühl und Marienwerder . . 11

Lehr- und Wanderjahre 26

Bürgermeister in Königsberg 33

Meine Kindheit 37

Leipzig und Berlin – Die kleine und die große Welt . 51

Einbruch des Nationalsozialismus –
Herausforderungen und Entscheidungen 72

Eine Welt zerbricht 82

Rücktritt 89

Warner im Ausland 95

Das „Politische Testament" 115

Morgenländische Reisen 127

Ein Netz entsteht – Ziviler Widerstand 134

Goerdeler und das Militär 151

Abschied 171

Gedanken eines zum Tode Verurteilten 175

Epilog 187

Literaturverzeichnis 189

Ein Blick zurück

Carl Goerdeler war mein Vater. Er starb am 2. Februar 1945. Als Verschwörer gegen Hitler wurde er hingerichtet. Ich war damals 25 Jahre alt. Wie habe ich die Welt meines Vaters erlebt? Gehörtes und Gelesenes werden, unwillkürlich oder bewußt, in Erfahrung gebracht, in die Erinnerung einfließen, sie bereichern, aber auch manches verschieben oder zurechtrücken.

Fragen werden offen bleiben, die ich mir nicht stellte, als ich meinen Vater noch unmittelbar erlebte. Aber wo gäbe es die vollständige Erinnerung? Auch die „reine", objektive Erinnerung wäre natürlich Illusion. Geist und Gemüt sind nicht Filmen zu vergleichen, auf denen sich die pure Wirklichkeit abbildet. Wenn wir als Menschen einen Menschen erleben, sind wir selbst immer mit im Spiel. Um so mehr, je näher wir ihm stehen. Aber der Mensch erschließt sich uns auch anders als der Jahrzehnte später analysierenden Wissenschaft.

Was wir von seinem Tun, Denken und Fühlen erinnern oder erfahren haben, sehen wir im Zusammenhang mit der Ganzheit einer erlebten Person, die sich dem später Forschenden entzieht. Meine Spurensuche soll vor allem dem nicht-wissenschaftlichen Leser ein Bild von Carl Goerdeler vermitteln und seinen – keineswegs vorbestimmten oder selbstverständlichen – Weg in den Widerstand gegen Hitler nachzuzeichnen versuchen.

Es gibt zwei Pfade der Erinnerung, die mich in die Welt meines Vaters führen:
der Erinnerung an mein behütetes, meist fröhliches und angeregtes Dasein als Tochter eines sehr geliebten Vaters;

der Erinnerung an mein Leben in einer spannungsreichen, später furchterregenden Zeit, in der ich den politischen Kampf meines Vaters voller Hoffnung und Ängste begleitete.

Je weiter ich zurückdenke, desto weiter laufen diese beiden Pfade auseinander. Als Kinder durften wir gleichsam im Windschatten dessen aufwachsen, was meine Eltern an Krisen, Nöten und Entwicklungen unmittelbar nach dem Ersten Weltkrieg durchlebten. – Anders als heute gab es auch äußerlich ein vom Bereich der Erwachsenen sehr abgeschirmtes Kinder-Dasein in der „Kinderstube", die wirksam vom Arbeitszimmer des Vaters getrennt war.

Je näher die Erinnerung dem eigenen Erwachsen-Werden kommt, um so mehr nähern sich die beiden anfänglich so verschiedenen Pfade, immer mehr wird die „öffentliche" Zeit zur persönlich erlebten, vergegenwärtigt sich die Tochter die Welt ihres Vaters als politisch Mit-Teilnehmende und Betroffene. So wird mein jeweiliges Alter meine Perspektive beeinflussen und somit auch den Horizont der dargestellten Welt. Für das Kind waren andere Züge des Vaters wichtig als für das junge Mädchen oder die erwachsene Studentin. So habe ich schon in der Vergangenheit die Welt des Vaters mit zunehmender Bewußtheit erlebt. Der Rückblick von heute aus bricht sich in der Reflexion zu wieder neuen Facetten. Darum werde ich meine Erinnerungen auch ab und zu unterbrechen, um mir der eigenen Distanz zu der beschriebenen Zeit bewußt zu werden und ihre Andersartigkeit zu ermessen. Nur so können wir die Vergangenheit verstehen und zu einer gerechten Bewertung von Vorstellungen und Entscheidungen gelangen. Wenn der Leser mich auf meinem Erinnerungsweg begleiten kann und dadurch zu eigenen Gedanken und Einsichten angeregt wird, wäre das Ziel meines Buches erreicht.

Methodisch führt die Reise in die Welt meines Vaters auf drei Wegen: der eigenen Erinnerung, der zusätzlichen Lektüre von Briefen und Denkschriften meines Vaters, schließlich von Autobiographien seiner politischen Freunde und wissenschaftlicher Literatur. Schriftliches Material will ich aber möglichst nur soweit hinzuziehen, als es die eigenen Erfahrungen klären hilft. Da ich nicht mit dem Anspruch schreibe, eine wissenschaftliche Biographie zu liefern, sollen Dokumente nicht um eines für die historische Forschung wichtigen Inhalts willen herangezogen und interpretiert werden, sondern nur, sofern sie meine bruchstückhaften Erinnerungen zusammenfügen helfen.

*

Seit 1948 lebe ich in Heidelberg. Im Frühjahr 1987 war ich wieder ein paar Tage in Leipzig, nicht das erste Mal nach dem Krieg, eher schon vertraut mit der jetzigen Stadt. Alte Freunde aus der Kinderzeit wohnen noch in dem Haus in der Rathenaustraße 23, in dem wir einmal lebten. Dort darf ich zu Besuch sein, aufgenommen in herzlicher Freundschaft.

1930 war mein Vater zum Oberbürgermeister von Leipzig gewählt worden. 1936 trat er von seinem Amt zurück. Nach der Verhaftung meines Vaters wurde die ganze Familie erst in Gefängnissen, dann in Konzentrationslagern festgehalten, bis wir von amerikanischen Truppen befreit wurden. Mich verhaftete die Gestapo am späten Nachmittag des 27. Juli 1944, eines heißen, klaren Sommertages, in unserem Haus, um mich in das Polizei-Gefängnis Leipzigs in der Wächterstraße einzuliefern.

Nicht im klaren Bewußtsein, eher im innersten Herzen erlitt ich diesen Augenblick als den endgültigen Abschied von einem Leben, das trotz des Krieges und der Bombenangriffe stets durch die Eltern behütet war. Ich erinnere mich, wie ich aus dem anfahrenden Auto zurückblickte: die hellen Klinker der mit einem verschnörkelten Erker und einer Wetterfahne geschmückten Jugendstil-Villa leuchteten in den späten Strahlen der Abendsonne unter dem grünen Efeu hervor, der das Haus wie ein Kleid umgab.

Heute ist der Efeu erfroren, die Wetterfahne auf der glänzenden Kugel gibt es nicht mehr. Das Innere des Hauses vermag nur noch in Resten an das Heim zu erinnern, in dem wir einmal lebten. Gewiß gibt es Spuren: die große Küche mit ihren blauen Lilien-Kacheln, Teile der alten bunten Glasfenster, die große Holztreppe in der geräumigen Empfangsdiele, reich ornamentierte Stuckdecken in einigen Zimmern. Aber nüchternes Glas ersetzt in der Mitte das große, die Diele einst beherrschende Glasgemälde. Früher erstrahlte da ein pompöser Sonnenuntergang: in glühenden Farben überwölbte er einen Fluß mit sich stolz gebärdenden Schwänen. Nur die kleine Landschaft der Seitenfenster, ein Berghang mit idyllischen Häuschen, ein winziges Gewässer mit einem Brückchen, erinnern ebenso an die Vergangenheit wie die leuchtend blaue Glas-Iris und die Dürer-Lilien, die unsere Eingangstür umrahmten.

Aus der großzügig entworfenen bürgerlichen Villa, deren zwei hohe Stockwerke wir als große Familie allein bewohnten, ist ein Mietshaus geworden. Sechs Familien finden nun in ihm Platz; die Wohnungen sind – noch immer behelfsmäßig – durch Spanholzwände voneinander abgetrennt, das alte provisorisch ausgebaute Dachgeschoß ist zur „regulären" Etage geworden. Eine nützliche und notwendige Umwandlung in einer wohnraumarmen Stadt; eine Wandlung aber auch, die deutlich macht, daß das Jahr 1945 eine Welt zu Ende gehen, eine andere beginnen ließ.

Die alte Welt –
Schneidemühl und Marienwerder

Mein Vater hat einen ungewöhnlichen Lebensweg zurückgelegt. Sohn einer preußisch-pflichtbewußten Beamten- und Juristenfamilie und erzogen in selbstverständlicher Loyalität zum Staat, wurde er doch zum zivilen Haupt der Verschwörung gegen den obersten Kriegsherrn und Führer Adolf Hitler. Aufgewachsen in der Tradition eines „sehr engen nationalen Denkens", entwickelte er gegen den Eroberungsrausch des Nationalsozialismus bedeutsame Europa-Pläne, die auf Frieden und Zusammenarbeit zielten und von der Anerkennung der Lebensinteressen anderer Völker ausgingen. Von Herkunft und Naturell ein selbstbewußter Bürger, erkannte er, daß das Bürgertum seinen Führungsanspruch verspielt hatte, und verband sich in seinem politischen Kampf zunehmend mit nicht-bürgerlichen Kreisen.

Es war ein ungewöhnlicher Weg – dessen Spur keinesfalls so einsinnig verlief, wie uns, sei es durch Würdigung, sei es durch Tadel, seine Biographen und Kritiker glauben machen wollen. Die Suche nach vertretbaren Lösungen zwischen den Widersprüchen seiner Zeit fand auch in seinem Herzen statt, ließ ihn schwanken zwischen autoritativen Ansätzen und dem Vertrauen in die Kraft seines Volkes, sich frei zu entscheiden. Es war eine lang während Entwicklung, die in der Weimarer Republik einsetzt, erst allmählich, dann immer rascher nach neuen Synthesen sucht, schließlich, im Wettlauf mit der Zeit, äußerlich scheiternd, endet.

Welche Grundlagen hatte die Existenz Carl Goerdelers, welches waren ihre Wurzeln, die ihm eine so weitgespannte innere Entwicklung ermöglichten? Als Quelle sollen mir seine „Jugenderinnerungen" dienen; Aufzeichnungen, die besonders berühren, weil er sie am 31. Juli 1944, seinem 60. Geburtstag, begann. Er ist zu dieser Zeit bereits auf der Flucht vor seinen Verfolgern; auf seine Ergreifung ist eine Belohnung von einer Million Reichsmark ausgesetzt. Die ersten drei Seiten sind nicht erhalten, auf der 29. Seite bricht der Text unvermittelt ab – mußte er sich vielleicht ein neues Versteck suchen? Nur das Äußere läßt die ungewöhnliche Entstehungsgeschichte erkennen.

Inhalt ist eine liebevolle, detailreiche und gelegentlich humorgetragene Schilderung seiner Kindheit und Jugend – Anspielungen auf die Gefahr, in der er sich befindet, enthält sie nicht. In diesem Augenblick höchster Not holt sich mein Vater die Menschen und die Umwelt, die sein Leben prägten, in sein Gedächtnis zurück und macht sich klar, was sie ihm bedeutet haben. Wenn wir nach den Fundamenten seines Lebens fragen, lassen gerade diese Aufzeichnungen erkennen, was ihm für sein spannungsreiches Leben Kraft, klare Anschauungen und innere Sicherheit gegeben hat.

An erster Stelle, so verlangt es auch die Lektüre, müssen die Eltern genannt werden: Adelheid und Julius Goerdeler. Carl Goerdeler war 1884 als drittes ihrer fünf Kinder in Schneidemühl geboren worden. Beide Eltern entstammen ostpreußischen Juristenfamilien, der Vater selbst war Amtsrichter und Syndikus einer großen landwirtschaftlichen Bank.

Liebevoll, ohne kritische Distanz, zeichnet der Sohn ihre Portraits:

„Meine Mutter war eine ... gütige und heitere Frau. Dabei nahm sie es, in der kleinen Kreisstadt Marienwerder geboren, erzogen und mit wenigen Ausnahmen bis zum Ende lebend, an Bildung mit jeder weitgereisten Weltdame auf. Sie las bis zum letzten Augenblick ihres Lebens gute Bücher, besonders gern Lebensbeschreibungen; mit dem Buch in der Hand ist sie entschlafen. Französische und englische Bücher fehlten in ihrem Lesestoff nicht. So war sie eine hochgebildete Frau, voll sprühenden geistigen Lebens, die in jeder Unterhaltung ein kluges, lebhaftes Wort sprechen konnte und es auch daran nicht fehlen ließ."

Auch in ihrem Freimut und natürlichen Stolz war sie den Kindern ein Vorbild:

„Es gab Jahre dummen Stolzes, in denen wir Kinder es gar nicht gerne sahen, daß die Mutter vor den Leuten auch die einfachste Gartenarbeit machte. Aber sie ließ sich nicht beirren ... Ich erlebte mein Damaskus im lächerlichen Stolz, als ich eines Tages beobachtete, wie ein angesehener hoher Beamter von der anderen Straßenseite herüberkam, am stattlichen Gitter unseres Gartens stehenblieb und meine auf den Knien arbeitende Mutter ehrerbietig grüßte und sich sofort in ein Gespräch über höhere Fragen vertiefte. Da fühlte ich, daß keine Arbeit schändet, daß sinnvolle Arbeit adelt und daß die ‚Frau Geheimrat‘ sich nichts vergeben hatte und nichts vergeben würde."

Bei der Lektüre dieser kleinen Szene fühlte ich mich lebhaft an die natürliche Sicherheit erinnert, mit der mein Vater auf Empfängen führenden Politikern, großen Industriellen und bedeutenden Künstlern begegnete. Hatte seine Mutter an ihn die innere Freiheit und Gelassenheit weitergegeben, die ihm erlaubten, in Formen gewandt zu sein, ohne sich in Förmlichkeiten zu verlieren?

Julius Goerdeler ist in den Erinnerungen der praktisch-nüchterne, aber auch der gütige Vater:

„Mein Vater wirtschaftete noch in Küche und Speisekammer. Er schnitt das Brot nicht nur für den Tisch, sondern richtete es auch häufig für die Mädchen ... Er war eben kein ausgesprochen oder einseitig geistiger Mensch; er las auch bei weitem nicht so viel wie meine Mutter; sie feuerte ihn häufig dazu an, nahm aber auch seine wirtschaftliche Hilfe gern an ... Meines Vaters Art ergänzte auch in Geldsachen die etwas großzügige Art meiner Mutter. Ich erinnere mich, daß er an jedem Monatsersten 8 goldene Zwanzigmarkstücke in ein türkisches Kästchen in ihrem Schreibtisch legte; das war das Wirtschaftsgeld. Meine Mutter glaubte, damit hauszuhalten, bemerkte aber nicht, daß der Vater ab und an heimlich ein Zwanzigmarkstück nachlegte."

In diesem kleinen Zug offenbarte sich das Wesen der Eltern meines Vaters:

„Die Mutter ein wenig in den Wölkchen des Idealismus schwebend und so unser Leben befeuernd, mein Vater sehr nüchtern die Tatsachen sehend, aber in unendlicher Güte und zärtlicher Liebe zur

Mutter, ihr helfend und ängstlich bedacht, ihr Selbstgefühl zu schonen."

Mutter und Vater sind zwei sehr unterschiedliche, starke Persönlichkeiten; selbst im liebevollen Rückblick will der Sohn nicht vorschnell harmonisieren!

„Meine Mutter konnte sich leidenschaftlich für edle Ziele und Handlungen einsetzen, mit blitzenden Augen, Brille und Handarbeit weglegend, was für meinen guten, nüchtern denkenden Vater meist das Signal war zu widersprechen; wobei er denn auch gelegentlich heftig werden konnte. Nach dem Ersten Weltkrieg boten die bewegten Geschicke des Vaterlandes fast jeden Morgen am unsagbar gemütlichen Kaffee-Tisch reichen Stoff zu solchen lebhaften Gesprächen. Wenn meine Mutter keine anderen Argumente mehr vorzubringen wußte, machte sie meinem Vater irgendeinen, meist ganz unlogischen persönlichen Vorwurf, gab dem Gespräch dadurch – auch auf die Gefahr größter Ungerechtigkeit – eine persönliche Wendung und zog sich auf das Gebiet der tief gekränkten Gattin zurück. Ich habe meine geliebte Mutter darin nie verstanden und mich stets auf die Seite meines Vaters gestellt, der in vollendeter Vornehmheit schließlich schwieg, aber doch mit Recht sehr verletzt war. Meist führte er dann aber selbst die Versöhnung herbei, während meine Mutter sehr starr sein konnte.
Als ich älter war, habe ich mehrfach zwischen den Eltern vermittelt, indem ich meiner Mutter bescheiden, aber fest vorhielt, wie ungerecht ihr Verhalten sei."

Und doch sind es nicht die Spannungen, sondern ist es die Verläßlichkeit der Beziehung von Vater und Mutter, an die sich der Sohn erinnert.

„Aber diese Mißhelligkeiten vermochten die Tatsache nicht zu verdecken, daß die Ehe meiner geliebten Eltern denkbar glücklich war und uns fünf Kindern eine Burg schuf, in die wir mit allen Sorgen, Enttäuschungen und Ratlosigkeiten flüchteten, und in der wir stets jede nur mögliche Hilfe, jeden treuen Rat und jeden liebevollen Trost fanden; in der wir sonnige Kindheitstage, frohe Jugendjahre und unsagbar gemütvolle Wochen größter Verwöhnung in späteren ernsten Zeiten fanden. In dieser Burg quoll eben ein tiefer Brunnen zärtlicher, gewissenhafter, hingebender Liebe und Treue."

Julius Goerdeler lernen wir nicht nur als Ehemann und Vater seiner fünf Kinder kennen. Er ist noch „Hausvater" in einem althergebrachten Sinne und hat für das Wohl aller zu sorgen. Sparsam und umsichtig muß er sich um die ihm im Haus anvertrauten Menschen kümmern – mit Nachsicht, auch mit Strenge. Denn das „Gesinde" ist nicht nur seiner Aufsicht, sondern sogar seiner Strafgewalt unterstellt. Kritisch-nachdenklich sieht der 60jährige Carl Goerdeler diese hierarchisch-patriarchalische Ordnung, als er eine kleine Szene schildert:

„Die Gesindeordnung war hart und gestattete körperliche Züchtigung bei grober Widersetzlichkeit. Meine Mutter war ein Kind ihrer Zeit. Sehr häufig nahm sie die Autorität meines Vaters in Anspruch, um sich bei den Mädchen durchzusetzen. ‚Papachen, du mußt mal eingreifen, die Berta hat das ... und das getan.' Mein guter, sehr praktischer Vater ging dann brummend, aber gehorsam in die Küche und donnerte mit seiner mächtigen Baßstimme die Sünderin an, bis sie zerknirscht war; einmal erlebte ich sogar, daß er einem Mädchen, das widersprach, eine Ohrfeige versetzte."

„Solche Begriffe sind uns seit Beginn unseres Jahrhunderts fremd geworden", heißt es bei meinem Vater weiter.

Dennoch will er den Eltern gerecht werden und fährt fort:

„Aber solche Vorstellungen waren nur denkbar und erträglich in einer sozialen Ordnung, in der die Dienstherren selbst sich nicht schonten und alle Pflichten – selbst die kleineren und unerfreulichen – des täglichen Lebens auch gegen sich selbst erfüllten."

So war mein Vater: Führungsansprüche ließen sich nur rechtfertigen, wenn sie sich im Vorbild vermittelten!

„Meine Mutter ... war eine vorzügliche Hausfrau ... Sie scheute keine Arbeit, fegte und schrubberte die Dielen, putzte die Fenster, heizte Öfen, wusch und plättete; auch wir Kinder mußten helfen, lernten so spielend Feuer machen und Wäsche rollen, graben und jäten. Denn die Mutter liebte den Garten. Noch sehe ich sie morgens mit einer alten Schürze auf einem Sack im Vorgarten knien und die Beete neu bepflanzen."

Die ersten sechs Lebensjahre verbringt Carl Goerdeler in seiner Geburtsstadt Schneidemühl, einer mittleren Provinzstadt in Westpreußen. Land und Stadt sind nicht deutlich voneinander getrennt. Das Land ragt sozusagen hinein in die Stadt: Auch in den bürgerlichen Haushalten gibt es noch Haustiere, Hausschlachtungen und das Gemüse aus dem eigenen Garten. Die adligen Landschaftsräte kommen zu ihren Sitzungen in die Stadt, die Gutsbesitzer und die städtischen Akademiker bilden eine einheitliche Schicht von Honoratioren. Von anderen Schichten, etwa den Handwerkern und kleinen Gewerbetreibenden, leben sie keineswegs abgesondert. Ihre Häuser liegen benachbart, man weiß voneinander, und der Marktplatz ist der Treffpunkt für alle.

„Wir wohnten am Marktplatz, der, wie in allen Städten des Ostens, sehr groß war. Diente er doch dem Auftrieb des Viehs und bot damals der zweimal in der Woche stattfindende Markt Land- und Stadtbewohnern die erwünschte Gelegenheit, zu Kauf, Geschäft und Gespräch zusammenzukommen. Alle Stadtfrauen besuchten ihn und handelten eifrig mit den Bäuerinnen um Pfennige. – Um den Markt waren die Läden der Kolonialwaren- und Einzelhändler, die Apotheke und die Drogerie; in der Mitte des Marktplatzes stand zwischen Bäumen und Büschen die Kirche. Die Wohnung der Eltern war ihnen dienstlich im Gebäude der Landschaft eingeräumt. Im Erdgeschoß befanden sich auf einer Seite die Büros, auf der anderen die Gastzimmer für die zur Sitzung kommenden Landschaftsräte. Im Obergeschoß lag unsere Wohnung. Das Zimmer des Vaters stieß an einen für Sitzungen benutzten Saal, den aber auch die Eltern zu Festlichkeiten benutzen durften … Hier gaben die Eltern im Winter jedes Jahr einen Ball; denn das frohe gesellschaftliche Leben kam mit wachsender Wohlhabenheit der Deutschen immer mehr in Schwung.
Die Eltern unterhielten lebhaften Verkehr mit den Akademikern der Stadt und Gutsbesitzern, die Ehrenämter in der ‚Landschaft' bekleideten … Hinter dem Hause war ein gepflasterter Hof, dessen Rückseite von einem Pferdestall eingenommen wurde, während sich auf der andern Seite ein kleiner Garten befand … Jene Gebäude dienten den ‚Landschaftsherren' zum Einstellen ihrer Fuhrwerke. Meine Mutter benutzte Hof und Stall, um Hühner und Enten zu halten.
Ich sehe noch den kleinen hölzernen Futtertrog, in dem den Enten das Kleie-Futter verabreicht wurde. Und ebenso sehe ich meinen kleinen Bruder Fritz an dem Ententrog hocken und von dem Kleie-Futter essen …"

Es ist eine beinahe noch vorindustrielle Welt, in der die Kinder aufwachsen. Fließendes Wasser und Elektrizität fehlen noch.

„Zum Baden wurde im Keller ein großer Waschzuber mit Warmwasser gefüllt; … eine Badewanne erschien erst um die Jahrhundert-

wende, und ein Badezimmer wurde erst kurz vor dem Ersten Weltkrieg eingebaut ... Bis dahin wurde das Wasser morgens, mittags
und abends von der Pumpe auf der Straße geholt. Da kamen die
Mädchen und Frauen mit den ‚Paden‘, den auf Schultern getragenen
Holzstangen, an deren beiden Enden die Eimer an Ketten und Ha-
ken hingen.“

Wie schwer und unpraktisch! – denken wir. Mein Vater
sieht die andere Seite der Medaille: „Das war die Zeit des
Verschwatzens am Brunnen, den Hausfrauen eine Quelle des
Ärgers, den Mädchen ein Anlaß, der Gestrengen einen
Streich zu spielen. Man hatte doch so lange warten müs-
sen!“

1890 kommt der 6jährige Carl nach Marienwerder (heute
Kwidzyn), wohin sein Vater als „Aufsichtsführender Amtsrichter“ versetzt wird. Zu dieser Zeit ist Marienwerder, un-
weit von Marienburg, eine mittelgroße, recht bedeutende alte
Ordensstadt in Westpreußen (nach den Grenzziehungen von
1918), Sitz eines Oberlandesgerichts und eines Regierungs-
präsidenten, ja, es hat sogar eine Garnison. Aber auch in Marienwerder ist der Lebensbereich noch überschaubar, und der
Alltag sieht nicht viel anders aus als in Schneidemühl. Dennoch weitet sich der Kreis an Erfahrungen und Begegnungen. Schon am Bahnhof wird die Familie von Onkeln,
Tanten, Kusinen und Vettern und den zwei Großmüttern abgeholt. „Marienwerder war ein Familienparadies.“ Mit den
Neuankömmlingen sind es 34 Mitglieder einer großen Sippe
und in den „Erinnerungen“ werden sie alle, nach Familien geordnet, aufgezählt. Da ist für ein reiches geselliges Leben gesorgt, und die neue Umgebung ist den Kindern schnell
vertraut.

Aber zunächst genießt Carl mit seinem geliebten kleinen
Bruder Fritz die große Freiheit, die es auch hier in der Stadt
noch gibt:

„Das Hauptspielfeld waren für uns unser und der Nachbargarten
von Nowraths sowie die dahinter liegenden Felder, in denen ein kleiner Tümpel uns zum Fang von Salamandern und Kröten lockte; Vater Nowrath hatte herrliches Obst, namentlich Stachelbeeren und
Pflaumen im Garten, an denen wir uns, vielfach von ihm verjagt, fast

täglich im Sommer vergingen. – Der Sommer gehörte dem Bade-sport.

In jüngeren Jahren gingen wir nach Gorken, wo der Liebefluß für eine Mühle aufgestaut war, und der Müller ein Flußbad mit Ausklei-dezellen unterhielt. Eine besondere Wonne war es, wenn der Wasser-fall und das Mühlrad ging, und man in den Strudel tauchen konnte. Unsere Bäder dauerten stundenlang. Meist gingen wir in Badehosen in die zehn Minuten entfernten Sandberge, wo wir uns in verschie-denfarbigem Sand wälzten und als Indianer zurückkehrten. Nach dem Bad wurde in der Mühle für 10 Pfennig eine Butterstulle erstan-den und über das Feld nach Hause gewandert, wobei den Obstgärten am Wege mancher Apfel, den Feldern manche Kohlrübe entnommen wurde."

Spaß und Abenteuer gibt es genug in der unmittelbaren Nähe. Da fragt man noch nicht nach großen Reiseerlebnis-sen! Erst während der letzten vier Jahre wird mein Vater über den Umkreis von Marienwerder – in bescheidenem Rahmen – hinauskommen. „Die erste Reise, auf die wir mächtig stolz waren und für die wir den Fahrplan genau aufschrieben, dau-erte drei Tage und führte nach Neufahrwasser bei Danzig, wo wir nahe der Fähre in einem einfachen Gasthaus wohn-ten." Da ist Carl Goerdeler vierzehn Jahre alt. Mit fünfzehn kommt er das erste Mal in die etwa 150 Kilometer entfernte Provinzhauptstadt Königsberg. Dort wird er auch voll Stau-nen das erste elektrische Licht kennenlernen.

Die Schulmeisterin in mir fragt natürlich auch nach der Schule. Haben Schuleindrücke meinem Vater etwas bedeu-tet? Den Gewinn schildert er in recht allgemeinen Wendun-gen. Er war „sein Leben lang dankbar" für die ihm von seinen Lehrern vermittelte Allgemeinbildung. Auffallender ist schon, wie er sich mit dem Autoritätsanspruch der Schule, den er grundsätzlich bestimmt nicht angefochten hat, dann auseinandersetzt, wenn der Anspruch Grenzen überschreitet. Mein Vater hat noch das Traktieren mit dem Rohrstock ge-kannt!

„Professor K. holte am Beginn jeder Lateinstunde den Rohrstock aus dem Schrank und fragte dann unregelmäßige Verben ab. Jede falsche Antwort, jedes Nichtwissen wurde mit einem Stockhieb auf den Rücken bestraft. Auch Stockschläge auf die auszustreckende flache Hand waren nicht selten. Wir empfanden diese Art als unschön und überflüssig: wir folgten lieber den Lehrern, die guten Unterricht ohne sie erteilten."

Aber auch die sonst so verehrten Eltern kritisiert mein Vater, wenn sie das Votum der Schule unangefochten hinnehmen:

„Die Autorität der Schule gegenüber dem Elternhaus war wesentlich größer als heute. Die Eltern dachten nur selten daran, ihre Kinder gegen Lehrer in Schutz zu nehmen; sie fühlten eine völlige Abhängigkeit der Zukunft der Kinder von dem Wohlwollen der Lehrer. Mir ging diese Einstellung zu weit, und ich halte sie für falsch. Noch heute wundere ich mich, daß mein Vater nicht eingriff, als ich, schon Student, Fritz (er war noch Schüler) zu einem Glas Bier mitgenommen hatte, und der Direktor des Gymnasiums, der uns sah, an das Fenster des Lokals pochte und meinem Bruder befahl, er solle nach Hause gehen. Ich war einfach empört, daß mein Vater dem Direktor nicht auf die Bude stieg, als der es wagte, an meinen Vater dieserhalb einen Warnbrief zu richten."

Mein Vater erklärt ganz kategorisch: „Ich halte es für geboten, das Recht der Eltern in Anspruch zu nehmen, außerhalb der Schule ihren Kindern Freiheit zu verschaffen."
Aber bei allem Sinn für individuelle Freiheit – gegen Rücksichtslosigkeit ist er empfindlich.

„Jeden Tag nahm sich mein Vater Zeit, am Vormittag eine Viertelstunde bei seiner Mutter zu sein, während die Mutter oder eins von uns Kindern der Großmutter Roloff (Mutter der Mutter) einen Besuch machten … Die beiden Großmütter kamen, von uns abgeholt, jeden Sonntag zum Mittagessen zu uns. Am Nachmittag spielten sie meist mit den Eltern Whist, wobei die Verschiedenheit der Charaktere regelmäßig zu Spannungen führte. Beide alten Damen waren eigensinnig, meine Großmutter Goerdeler dazu herrschsüchtig und kühl, die Großmutter Roloff warmherzig und genial. Die erste konnte daher leicht die gute Laune verlieren, schob gern den Gewinn des andern auf Kartenglück, statt gutes Spiel anzuerkennen, und wurde leicht spitz und überheblich. So endeten diese Spiele häufig in Unfrieden, den dann meine gute Mutter liebevoll wieder verscheuchte, so daß beim Abendessen alles wieder guter Laune war. Danach wurden die beiden Großmütter wieder nach Haus gebracht. Stets wurden sie von den beiden Eltern mit größter Achtung und Liebe behandelt, wenngleich meine Mutter häufig unter den Schroffheiten ihrer Schwiegermutter litt und bedauerte, daß der Vater sie nicht dagegen in Schutz nahm, wie sie uns später anvertraute ... Die Mutter sorgte, daß die große Familie trotz manchem kleinen Zank immer wieder zusammenkam. Jeden Sommer fand ein Familienausflug statt, dem wir Kinder meist widersprachen, an dem die Mutter aber eisern festhielt und der meist sehr gehobener Stimmung endete. Dabei war es gar nicht leicht, die verschiedenartigen Menschen zusammenzuhalten, von denen einige überempfindlich waren."

Menschen in ihrer Verschiedenartigkeit wahrzunehmen und zu schildern, war ein Talent meines Vaters. Wenn er uns Kindern erzählte, nutzte er die drastische Charakterisierung sicher auch, um uns humorvoll in Spannung zu versetzen; anders hätten sich die Menschen seiner Kindheit mir nicht so gut als „Figuren" eingeprägt. Heute entdecke ich in diesen Erzählungen auch seine Vorstellungen vom Zusammenleben der Menschen:

Harmonie ist nicht vorgegeben. In der kleinen wie in der großen Familie muß der Ausgleich zwischen den Temperamenten immer wieder neu versucht werden. „Konfliktscheu" spricht nicht aus der Summe dieser Erinnerungen. Eher Freude an der Vielfalt, am ausgetragenen Streit, aber auch der Wunsch, Spannungen fruchtbar zu machen.

Aber so begrenzt ging es im Hause Goerdeler nicht zu, daß sich alles um den lieben Familienfrieden gedreht hätte. Die öffentlichen Angelegenheiten wurden lebhaft diskutiert:

„Bei diesen Gesprächen saßen wir ... immer dabei, durften fragen, lernten aber schon aus der Unterhaltung der Erwachsenen ungeheuer viel für unser Leben. Denn die vor Idealismus sprühende Mutter hatte immer neue Pläne und Einwände; zwang so den realistischen Vater immer zur Darlegung des nüchternen Standpunktes, brachte ihn aber auch hin und wieder auf gute Gedanken."

Für den Sohn Carl muß der Vater gerade in seinem sozialen Verhalten ein stark prägendes Vorbild gewesen sein. Als Amtsrichter hatte Julius Goerdeler noch die Aufsicht über die zur Arbeit auf den Gütern herangezogenen Gefangenen. Er fuhr „über Land" und inspizierte, ob sie ordnungsgemäß behandelt würden. Er hatte aber auch den Wert von Bauerngütern einzuschätzen, die eine Beleihung wünschten.

Seine Kinder durften ihn auf diesen Fahrten mit dem Pferdewagen oft begleiten. So wurden meinem Vater ländliche Verhältnisse früh vertraut. Und der Sohn erlebte, wie der Richter dank seiner vielfältigen Kontakte Menschen in der ihnen gemäßen Weise anzusprechen wußte:

> „Er hatte eine wundervolle Gabe, mit den Menschen aus allen Schichten umzugehen. Dabei zeichnete ihn weniger Bereitschaft und Fähigkeit zu freundlichem Entgegenkommen aus als Klarheit und Einfachheit der Anschauungen, sowie Festigkeit und Unbeirrbarkeit des Urteils. Er wußte zu unterscheiden, wo Befehl und wo Bitte am Platz war. Besonders zur Landbevölkerung fand er den rechten Ton, dem sich Gerechtigkeit und praktisches Empfinden zugesellten."

Eine Charakteristik, in der ich wesentliche Züge auch meines Vaters wiederfinde; Züge, die es ihm leicht machten, Menschen aus allen Bevölkerungsgruppen anzusprechen und auf sie einzuwirken.

In diesem halbländlichen überschaubaren Raum ließen sich die Berufserfahrungen des Vaters zwanglos auf den Sohn übertragen. Als mein Großvater 1899 im Wahlkreis Danzig-Marienwerder zum preußischen Abgeordneten gewählt wurde, erhielten die heranwachsenden Söhne nun auch einen Einblick in die Welt der „großen Politik":

> „Mein Vater … mußte vom Herbst bis zum Frühjahr immer für längere oder kürzere Zeitabschnitte nach Berlin, kam aber mindestens zweimal im Monat nach Hause. – Dann berichtete er (uns) auf das eingehendste und anschaulichste von den gesetzgeberischen Aufgaben, von den freikonservativen Fraktionskollegen, von den markantesten Abgeordneten anderer Parteien, vom Reichstag und den gesellschaftlichen Ereignissen … Damals schon lernte ich die Bedeutung wasserwirtschaftlicher Probleme, den Wettbewerb Wasser – Eisenbahn kennen und hörte beweisen, daß keine Wasserstraße in Deutschland rentabel sei. Die militärischen Gesichtspunkte wurden erörtert wie die der Landmelioration, kurz und gut …" (hier enden die Erinnerungen)

Ob Großvaters Berichte wohl Sinn für das parlamentarische Leben geweckt haben? Da zweifle ich doch ein wenig. Julius Goerdeler hatte gewiß die Überzeugung, daß sich im

Wettstreit der Argumente „die richtige Lösung" objektiv bestimmen ließe, und sie seinem Sohn weitergegeben. Politik hatte sich am Allgemeinwohl zu orientieren, politische Beziehungen wurden als Vertrauensverhältnis verstanden – ein Politikverständnis, das sich in der alten europäischen Ständeordnung entwickelt hatte und mit dem Aufkommen der Klassengesellschaft an Überzeugungskraft verlor. Seine Ablösung aber war ein langsamer, nicht überall gleichzeitig einsetzender Prozeß; in der Heimat meines Vaters, wo „das Land" in die Städte hineinwirkte, war es noch bis ins 20. Jahrhundert lebendig. –

Wenn es um sachliche Fragen ging, spielten parteipolitische Bindungen eine untergeordnete Rolle. Oder doch nicht? Wie ein Kontrapunkt mutet der humorvolle Bericht meines Onkels Willi Ulrich über das besagte Kanalbauprojekt an. Das Allgemeinwohl hatte Vorrang. Ja, natürlich, aber auf wen sollte es sich beziehen? Das war denn doch die Frage: auf Marienwerder, auf Westpreußen oder das Reich? Die Loyalität war im Kaiserreich, namentlich in den preußischen Provinzen, durchaus nicht immer klar. Julius Goerdeler hatte 1866 und 70/71 noch für Preußen gestritten, für den Freikonservativen kam „erst unser ruhmreiches Preußen, dann eine lange Pause und – ganz hinten „das Reich". Schwarz-Weiß waren seine Farben; aber die zog an den großen Gedenktagen auch Großonkel Ulrich auf, obwohl er „großdeutsch" dachte; mit seinen alten Burschenschaftsfarben Schwarz-Rot-Gold zu flaggen, wäre wenig zeitgemäß gewesen. Die Nationalliberalen aber bekannten sich zu Bismarcks kleindeutscher Lösung und hißten Schwarz-Weiß-Rot.

Dieser Glaubenskrieg trat in den Hintergrund, als Wilhelm II., der Flottenkaiser, in den neunziger Jahren den Ausbau auch der binnenländischen Schiffahrtswege anregte. Über Elbe und Oder sollte der Rhein durch den Mittellandkanal mit der Weichsel verbunden werden. Dieser Plan erregte und – einigte die Gemüter. „Bis zur Oder" fand man das Projekt noch ganz in Ordnung. „Aber was wolltte Seine Majestät mit der Kanalisierung der Netze …?" Die

Abwanderung der auf dem Lande dringend benötigten „Leute" wäre dadurch sehr erleichtert worden. In Marienwerder war man sich einig: „Julemann" Goerdeler mußte die Region retten!

Im Herbst 1899 kam der große Tag im Preußischen Landtag zu Berlin. „Der Abg. Goerdeler hat das Wort!"

„Onkel Julius holte tief Luft, und dann donnerte er in den Saal: ‚Meine Herren! Der Kanal Oder-Netze-Weichsel darf unter keinen Umständen gebaut werden ... was haben wir denn an Schiffahrt auf der Weichsel? An jedem Tag zwei, drei große Flöße ... und wöchentlich zweimal den Regierungsdampfer ... Und dafür wollen Sie Millionen und Abermillionen an Thalern bewilligen? Und die Leutenot? Unter der wir Westpreußen und die Provinz Posen leiden seit vielen Jahren! Was soll aus uns werden? Nicht eine einzige russisch-polnische Arbeiterkolonne werden wir nach Westpreußen bekommen; alle Wanderarbeiter werden zum Kanalbau laufen! Und in Westpreußen wird die Heuernte verfaulen, und die Getreide-Ernte und der zweite Schnitt Heu werden auch verfaulen, und die Kartoffeln und die Rüben werden im Boden steckenbleiben und ebenfalls verfaulen! Das Rindvieh muß abgeschlachtet werden, die Schweinezucht wird total vernichtet, die Geflügelzucht desgleichen! Westpreußen wird dann eine *zweite Wüste Gobi* werden.' (Starker Beifall rechts, lebhaftes Hört, Hört links.)"

Das rhetorische Glanzstück hatte durchschlagenden Erfolg: keine Kanalisierung der Netze!

„Binnen drei Stunden wußte die ganze Stadt Marienwerder haargenau, wie der Kaiser zur Auguste Viktoria beim Tee im Neuen Palais über unseren prächtigen Julemann geschimpft hatte als Führer der Kanalrebellen! Das Ansehen von Julemann stieg ins Unbeschreibliche ..."

Großvaters Heimkehr wurde zum Triumphzug. „Der Empfang war wirklich großartig! Auf dem Platz vor dem Bahnhof marschierte der Kriegerverein auf, mit Fahne und Kapelle; die Schützengilde, mit Fahne und Kapelle; der Turnverein, auch mit Fahne und Kapelle ... Der Zug läuft ein, Onkel Julius erscheint in der Tür ... und Bürgermeister Würtz ruft, so laut er kann: ‚Kreis und Stadt Marienwerder heißen Sie, verehrter Herr General-Landschafts-Syndikus Goerdeler, unseren hochverdienten Landtags-Abgeordneten nach seinem glorreichen Sieg im Preußischen Landtag auf das allerherzlichste willkommen!' Und dann intonierten gleichzeitig die Kapelle des Kriegervereins den ‚Chopin'schen Trauermarsch', die Schützengilde ‚Lützows wilde verwegene Jagd' und die Turner bliesen ihren berühmten Vereinsmarsch ‚Frisch voran‘! Kein Verein wollte hintenan stehen, daher schmetterten sie alle drei gleichzeitig los! Es war ein Höllenspektakel! Aber alles war restlos begeistert und fand es wunderbar!"

Nun formierte sich der Festzug und eskortierte den Helden an seine girlandengeschmückte Haustreppe, wo ihn seine Frau stolz erwartete, das Zeremoniell begann von neuem unter Hochrufen und „Heil dir im Siegerkranz", wieder ordnete sich der Zug und paradierte vorbei an dicht besetzten Fenstern durch die Stadt zum Marktplatz. Noch einmal holte der Bürgermeister Atem für eine lange Dankadresse, „Westpreußen wird keine Wüste Gobi werden! ... Julius Goerdeler, er lebe hoch! Hoch! Hoch!" Ein Tusch – und alles, was freikonservativ fühlte, verschwand und vereinte sich in Kuntzes Schlemmerlokal zu einer langen, langen Siegesnacht ...

Orientierung am Allgemeinwohl – zwischen Ideal und Wirklichkeit hat sicher oft ein Widerspruch geklafft. Dennoch, meine ich, war es ein Leitbild, dem sich die Menschen verpflichtet fühlen konnten. Für meinen Vater, aufgewachsen in einer alten Juristen- und Beamtenfamilie, war es verbindliche Tradition. –

Reise in eine vergangene Welt – sie führt über Stationen der Nachdenklichkeit. Was hat das Elternhaus meines Vaters ihm gegeben? Mein Vater hat sich in ihm fest verankert gefühlt. Hier erhält er so etwas wie ein „Urvertrauen" in die Welt: Zuversicht und Kraft, um sich in seinem späteren Leben schweren Entscheidungen zu stellen. Ist er auf diesem festen Grund zu der ungewöhnlich ausstrahlenden Persönlichkeit geworden, von der später so viele berichten, die ihm begegnet sind?

Noch in den Tagen höchster Bedrohung erinnert sich mein Vater an viele kleine Episoden aus seiner Jugend mit jenem schmunzelnden Humor, den wir als Kinder so gemocht haben. Wie sehr muß sein Herz im Grunde den frohen, beglückenden Seiten des Lebens zugewandt gewesen sein und nicht allein den lastenden Herausforderungen, denen er sich aus eigenem Entschluß gestellt hat.

Als nach dem Scheitern des Attentats vom 20. Juli 1944 sich alle Fluchtbemühungen als vergeblich erwiesen, zog es meinen Vater noch einmal in die alte Heimat nach Marienwerder zu den Gräbern der Eltern. Dort wurde er am 12. August 1944 verhaftet.

Lehr- und Wanderjahre

Die Erinnerungen meines Vaters werfen ein warmes Licht auf die Menschen und Orte seiner Jugend; lebendige Szenen leuchten auf, deren Eindrücke ihn prägten. Grundanschauungen entstanden. Wie wandeln sie sich durch die Erfahrungen des erwachsenen Mannes? Die Anfänge seines Werdeganges kann ich natürlich nicht aus der Sicht der miterlebenden Tochter beschreiben. Aufzeichnungen, die meine Mutter nach 1945 notiert hat, erlauben mir jedoch, die „Familienperspektive" zu wahren. Diese Blätter enthalten außer den wesentlichen Daten auch Hinweise auf wichtige Stationen der politischen Entwicklung meines Vaters. Selbstverständlich betrachtet meine Mutter den Lebensweg ihres Mannes nicht unter historisch-kritischen Aspekten. Sie schreibt ganz unbefangen, ohne ängstliche Rücksicht auf die Wirkung in der Nachwelt und bekennt sich zu dem gemeinsamen Weg. So entsteht – trotz der eher zurückhaltenden Sprache und der gedrängten Form – ein sehr authentisches Bild meines Vaters, gezeichnet von dem Menschen, der ihm am nächsten stand und ihn am besten kannte – ein Text, der seine eigene Gültigkeit hat.

„Am 31. März 1911 legte Carl Goerdeler in Berlin seine 2. Juristische Staatsprüfung ab, 26 Jahre alt. Es stand für ihn fest, daß die reine ‚Juristerei', also die Richterlaufbahn, ihn nicht reizte." –

Nach achtmonatiger Ausbildung an verschiedenen Banken, die ihn auf wirtschaftliche Tätigkeiten im kommunalen Bereich vorbereiten sollten, sucht mein Vater auf Anraten des mit der Familie befreundeten Oberbürgermeisters Körte in

Königsberg für den beruflichen Neubeginn eine mittelgroße Stadt, um möglichst vielseitige Erfahrungen sammeln zu können.

„Es war meines Mannes Wunsch, etwas ganz Neues kennenzulernen, und so begann sein kommunaler Werdegang in Solingen, einer rheinischen Industriestadt mit „Bürgermeisterei"-Verwaltung, im Gegensatz zu der uns vertrauten Magistratsverfassung. In Solingen fanden wir ganz eigenartige Verhältnisse vor. Oberbürgermeister Dicke arbeitete mit keinem einzigen juristischen Stadtrat oder Beigeordneten, nur mit mittleren Beamten, die allerdings ungewöhnlich tüchtig waren. Dicke war Autokrat von eigenartiger Prägung, der dem jungen wissensdurstigen Assessor mit gewisser reservatio gegenüberstand. Mit zäher Energie mußten die Positionen in den einzelnen Dezernaten erobert werden. Es begannen politische Gefechte – Solingen war eine Hochburg der SPD, und der Beamtensohn aus dem Osten stand neuen Problemen gegenüber. Aber die Arbeit floß ihm bald gründlich zu durch den Umgang mit den Stadtverordneten verschiedenster Prägung, mit den selbständigen „Rotten"-Meistern, Groß- und Kleinindustriellen … Es war eine sehr anregende und interessante Lehrzeit."

Welche Erfahrungen hat mein Vater in dieser Solinger Zeit sammeln können, welche Beobachtungen haben ihn am stärksten beeinflußt? Meine Mutter sagt darüber nichts Genaues. Im Rückblick scheint es, daß es die andersartige Gemeindeordnung war, die ihn am meisten beeindruckt und am nachhaltigsten beschäftigt hat. Magistratsverfassung: das hieß Beteiligung einer größeren Anzahl erfahrener, engagierter Bürger an den öffentlichen Aufgaben. Bürgermeisterverfassung: das bedeutete schnellere Problemlösung, effektivere Verwaltung mit gut ausgebildeten, sachverständigen Beamten. Welcher Typus wurde den vielfältigen Aufgaben moderner Kommunalpolitik am besten gerecht? Dieser Frage ist Carl Goerdeler in zahlreichen Denkschriften nachgegangen, in seiner Königsberger Zeit, aber auch noch nach 1933, als er zur Mitarbeit an einer einheitlichen Deutschen Gemeindeordnung aufgefordert wurde. Seine Entscheidung gegen die Magistratsverfassung mit ihrem Honoratiorenprinzip ist sicher durch die Solinger Erfahrungen mit herbeigeführt worden.

Auch seinen persönlichen Stil scheint mein Vater bereits zu Beginn seines Berufslebens entwickelt zu haben. Folgt man dem Bericht meiner Mutter, ist er auf viele unterschiedliche Persönlichkeiten offen zugegangen, hat sich ihr Vertrauen durch seine Unvoreingenommenheit und sein Interesse für ihre Probleme erworben. Die Anerkennung blieb nicht aus: schon 1912 bot ihm die Stadt Solingen die (einzige) juristische Beigeordnetenstelle mit einem Gehalt von 6000 Mark (jährlich) an. Einstimmig wurde er in sein neues Amt gewählt. Nun konnte auch das sehr bescheidene möblierte Zimmer des jungen Paares gegen eine behagliche Vierzimmerwohnung eingetauscht werden, der erste Sohn wird geboren, und die Familie richtet sich in Solingen ein.

Bei Abwesenheit des Oberbürgermeisters mußte mein Vater die Amtsgeschäfte übernehmen. Er ist es, der in den Abendstunden des 31. Juli 1914, als alle Glocken in Solingen läuten, von den Treppen des Rathauses die allgemeine Mobilmachung verkündet.

Der Erste Weltkrieg bedeutet auch im Leben meines Vaters einen entscheidenden Einschnitt. Er wurde sofort einberufen, nahm als Hauptmann der Reserve und Batterieführer an der Schlacht von Tannenberg teil und blieb während des gesamten Krieges im Osten. 1918 betraute ihn sein Kommandeur General von Falkenhayn mit der Organisation der Finanzverwaltung in den besetzten Gebieten Weißrußlands und Litauens. Sein Sachverstand, aber auch sein humaner Umgang mit den Menschen trug ihm selbst hier viel Anerkennung ein. Die Worte meines Vaters am Schluß seines Rechenschaftsberichtes mögen für sich selbst sprechen:

„Was dem Lande in Zukunft beschieden sein wird, steht dahin. Die Deutschen, die nicht in feindlicher Absicht kamen und trotz aller von ihnen selbst hart empfundenen Kriegsnotwendigkeiten mit friedlicher Gesinnung hier geweilt haben, wünschen dem Lande Minsk Segen auf seine Arbeit."

Erst im Februar 1919 kehrte mein Vater aus dem Krieg zurück – in eine inzwischen veränderte Welt. Meine Mutter berichtet:

„Die politischen Wellen gingen hoch, aber im Kampf gegen die sogenannten Matrosen der Arbeiter- und Soldatenräte siegten die Elemente bürgerlicher Ordnung. Es begann aber trotzdem der Zweifel, ob es sinnvoll wäre, in der Beamtenlaufbahn zu verharren. Allerhand Pläne wurden geschmiedet, worunter der Ankauf eines kleinen Hofes mit gleichzeitiger Betreibung einer Anwaltspraxis in Preußisch-Holland der Vollendung sehr nahe kam. Mein Vater, ganz im Geiste des geliebten *freien* Berufes und als leidenschaftlicher Monarchist den herrschenden politischen Zuständen abhold, förderte auch geldlich diesen Plan. In Solingen, wohin mein Mann im März 1919 allein zurückging, waren durch die englische Besatzung und radikale deutsche Elemente für ihn besonders schwierige Verhältnisse. Er setzte seine Beurlaubung durch ...“

Hinter diesen mit knappen Worten geschilderten Erwägungen verbirgt sich möglicherweise eine existentielle Krise. Da war vor allem der verlorene Krieg, das Erlebnis der Niederlage. Sie muß für viele Deutsche, die ihr Vaterland liebten und „an seine Kraft geglaubt“ hatten, so bitter gewesen sein, daß man für das schwer Erträgliche nach Erklärungen suchte, die sich z. B. in der Dolchstoßlegende anboten. Vermutlich hat auch mein Vater sie damals für bare Münze genommen. Jedenfalls setzte er sich später sehr intensiv mit diesem Thema auseinander. Ich sehe noch ein Buch über diese Frage in unserem Leipziger Wohnzimmer auf dem Mahagonitisch liegen und meinen Vater, auf- und abschreitend, darüber sprechen. Spätestens zu dieser Zeit (etwa 1931) muß ihm die bewußte Täuschung des Volkes klargeworden sein. Noch im Gefängnis schreibt er empört über „das Gift der Dolchstoßlegende“:

„Macht euch klar, daß diese Geschichte ... eine Unwahrheit ist. Es ist so, daß die jahrelange Überspannung der Kriegsziele so sichere Hoffnung im Volk geweckt hatte, daß die plötzliche Offenbarung der Niederlage den Zusammenbruch erzeugte ... Angesichts dieser Tatsache die Schuld auf die Heimatpolitiker abzuschieben ... ist unwahrhaftig und unanständig. Die Führung hat den Zusammenbruch verschuldet, nicht ein Dolchstoß.“

Die Gefahren verführter Gefühle hatte er selbst erlebt. Stets leidenschaftlich engagiert, eigene Erfahrungen in Aufklärung umzusetzen, appelliert er an die Jugend, die Fehler seiner Generation nicht zu wiederholen. Das Pathos seiner mahnenden Stimme verrät, wie sehr ihn die Verwirrung von 1919 getroffen hat. In der Widerstandszeit hat meinen Vater – ebenso wie seine Freunde – das „Trauma" einer zweiten Dolchstoßlegende bedrückt; seine Geschichtslektion aber hatte er zuvor gelernt. –

Zum Bewußtsein der Niederlage kam 1919 das Entsetzen über den harten Friedensvertrag, den Carl Goerdeler nie anders als das „Diktat von Versailles" nennt. Ganz besonders hart, schier unmöglich, schien meinen beiden Eltern die Abtretung des „Polnischen Korridors". Um sie zu verhindern und in letzter Minute vollendete Tatsachen zu schaffen, begab sich mein Vater nach seiner Beurlaubung im Juni nach Bromberg und Danzig, um – so meine Mutter –

„an einer Bewegung mitzuarbeiten, die die Zusammenfassung der national deutschen Elemente erstrebte, um die Zerstückelung des Ostens durch den polnischen Korridor zu verhindern. Man dachte damals an eine militärische Erhebung unter General von Below (Otto), dessen intakte Armee durch die baltischen Freikorps verstärkt, noch eine ansehnliche Macht darstellte, die den kriegsmüden Siegerarmeen durchaus ein Paroli zu bieten hatte. Die Erwägungen und Verhandlungen zogen sich recht peinvoll hin, schließlich fügte man sich dem Verbot Hindenburgs; unter der Konsolidierung Weimars fand die geplante Erhebung des Ostens ein ruhmloses Ende, und der polnische Korridor, aus geographischer Unkenntnis und politischer Kurzsichtigkeit geboren, wurde Wirklichkeit. Ein Grundstein zu dem nationalistischen Wahnsinn Hitlers!"

Leidenschaftlicher Nationalismus und die tiefe Verbundenheit mit seiner Heimat drängten also meinen Vater zu einem riskanten Unternehmen. Undenkbar schien es, Marienwerder und Königsberg, zwei Mittelpunkte deutscher Kultur im Osten, durch eine breite Zone vom „Reich" abzutrennen. Beide Eltern waren in einer Landschaft fest verwurzelt, die einst zu West-, dann zu Ostpreußen gehörte, soweit sie nicht Polen zugeschlagen wurde. Die neuen Grenzen verliefen gerade zwischen Marienwerder und Schneidemühl.

Ich selbst habe noch erlebt, wie die Eisenbahnwaggons auf der Fahrt zwischen Berlin und Königsberg beim Passieren des „Korridors" fest verschlossen wurden, damit niemand aussteigen könnte. Meine Generation mag sich bereits an die Existenz zweier deutscher Staaten und scharf bewachter deutsch-deutscher Grenzen gewöhnt haben; meine Eltern fanden schon die damaligen Verhältnisse ganz unerträglich.

Die Aufzeichnungen meiner Mutter, gefaßt und selbstgewiß im Ton, unterstreichen die Gemeinsamkeit der Anschauungen; sie zeigen mir, wie sehr die Liebe zur Heimat das Leben beider Eltern von Anfang an durchzogen hat. Die Innigkeit ihrer Bindung an Orte und Menschen, die ihnen seit der Kindheit vertraut waren, können wir Heutigen wohl nicht mehr alle nachempfinden. Denn wir dürfen uns die Vielfalt und Weite der Welt in einem Maße erschließen, das unseren Eltern versagt war, und genießen unsere Freizügigkeit. Daß wir damit auch seelische Einbußen in Kauf nehmen, die uns kühl und unsensibel machen gegenüber Werten, die unseren Eltern selbstverständlich waren, wird uns wenig bewußt. Mein Vater wird bis zuletzt mit Sehnsucht nach der ungeteilten Heimat – über Vernunftschranken hinweg – grübeln, wie sie sich erhalten oder zurückgewinnen ließe. Auch meine Mutter konnte noch als alte Frau mit Bitterkeit von der Entstehung des „polnischen Korridors" sprechen. Auf den Verlust der gesamten ostpreußischen Gebiete nach 1945 antwortete sie mit tiefer Trauer, aber sie wußte zu viel von deutscher Schuld, um noch an Rückforderungen zu denken.

Kehren wir noch einmal in die Jahre 1918 und 1919 zurück. Jener stark erlebte Kontinuitätsbruch hat Carl Goerdelers Lebensweg zwar nicht in dem Ausmaß beeinflussen können wie später das Eindringen des Verbrecherischen in die Politik – aber für Menschen, die sich der Tradition des Bismarckreiches verpflichtet fühlten, war auch der Sturz der Monarchie ein großer Einschnitt. Rätebewegung, Unruhen und Straßenkämpfe schienen den völligen Zusammenbruch staatlicher Ordnung anzuzeigen. Als mit der Eröffnung der Weimarer Nationalversammlung eine gewisse Stabilisierung eingetreten war, schien damit nur Besserung, aber keine grundlegende Änderung der Situation erreicht. Auch in den Augen meines Vaters verkörperte die Monarchie damals noch „gewachsene Autorität"; die Republik aber war „Parteienherrschaft". Meine Mutter beschreibt, wie die Eltern die Orientierungskrise erlebten und sie schließlich überwanden:

„Immerhin waren im Laufe dieser Monate auch wir aus den Wirren der Jahre 1918/19 etwas klarer sehend geworden und unter dem beharrend-beruhigenden Einfluß meines Schwiegervaters, wenn auch unter starken inneren Kämpfen, zu dem Entschluß gekommen, in die kommunale Laufbahn zurückzukehren. In Solingen brauchte man eine energische junge Kraft, und selbst die betriebsamen Parteifunktionäre nahmen den suspekten Hauptmann d.R. gern wieder auf."

Aber die Rückkehr in die alte Position erwies sich doch als problematisch:

„Sonderbarerweise wollte die alte Freude an der Arbeit im Westen nicht wiederkommen. Trotz verhältnismäßig günstigerer Lebensbedingungen unter der englischen Besatzung, einer hübschen Wohnung u.a. konnten wir nicht wieder heimisch werden. Unsere Gedanken und Sorgen kreisten um die bedrohte, so sehr geliebte Heimat."

Daher beschlossen meine Eltern, in die Heimat zurückzukehren. Mein Vater bewarb sich – zunächst erfolglos – um den vakanten Stadtkämmererposten, sodann um die Stelle als Zweiter Bürgermeister in Königsberg. Mit Hoffen und Bangen warteten sie auf Antwort:

„Unvergeßlich ist mir ein Sonntagabend, als ich den Brief mit der Bewerbung ... mit einem Stoßgebet in den Kasten fallen ließ. Damals sollte unser drittes Kind geboren werden, und dazu wollte ich, das stand fest, in Königsberg bei meinem Vater sein. Und zu unserer unendlichen Freude kam die Aufforderung, daß mein Mann sich Anfang Dezember (1919) ... präsentieren sollte. Er ging ... mit solchem Erfolge aus dieser Wahl hervor, daß einwandfrei feststand, daß auch Mitglieder der SPD ihm ihre Stimme gegeben hatten ... Die 10 Jahre des Königsberger Bürgermeisteramtes sind der Beweis, wie stark Kraft und Wille war, Krieg, Inflation, den Wahnsinn von Versailles und alle daraus resultierenden Schwierigkeiten zu besiegen ..."

Bürgermeister in Königsberg

Welche Gedanken waren es, die meinen Vater bei seiner neuen Tätigkeit beflügelten, was bestätigte ihn in seiner Entscheidung, weiterhin kommunalpolitisch zu arbeiten? Meine Mutter führt Kraft und Erfolg auf die „Heimatluft" zurück. Mir scheint, daß ein weiterer Ansporn einfach durch die Fülle der Aufgaben entstand, die sich in allen Großstädten unmittelbar nach Kriegsende stellten. In ihrer sachgerechten Lösung lag die Chance eines Neubeginns.

Gerade in Königsberg waren die Probleme besonders zahlreich. Die Stadt hatte während des Krieges in Frontnähe gelegen, Truppen und sehr viele Flüchtlinge aufzunehmen gehabt. Nach Kriegsende mußte endlich der alte Festungsgürtel beseitigt werden, damit die längst anstehende Stadterweiterung nicht länger behindert würde. Dabei war die Finanzlage äußerst angespannt. Als mein Vater sich einen Überblick über die Situation verschafft hatte, war ihm klar, daß eine Reform der Verwaltung unabwendbar geworden war. Zu stark war während des Krieges der Apparat aufgebläht worden. Kompetenzstreitigkeiten führten zu Leerlauf, die Besoldung zahlreicher schlecht ausgebildeter Kräfte belastete den Etat und erschwerte die Arbeit. Gegen heftige Widerstände setzte mein Vater die Zentralisierung der Verwaltung durch. Er ließ die vielen kleinen Dienststellen zu wenigen großen, gut organisierten Dezernaten zusammenfassen, um zügiger und effizienter arbeiten zu können. Sein zweites Ziel war, die Stellung des Bürgermeisters gegenüber der Gemeindevertretung zu stärken.

Notwendig sei es, daß „eine von starkem Willen getragene, die Verhältnisse in ihrem Zusammenhang überschauende Zentralgewalt in die Lage versetzt würde, wirtschaftliche Erkenntnis und verwaltungspolitische Einsicht schnell zu einheitlicher Auswirkung in den einzelnen Verwaltungszweigen zu bringen. Nur auf diesem Wege erschien es möglich, Ordnung, Vertrauen und damit die jeder Verwaltung unentbehrliche Autorität allmählich wiederherzustellen", so führt er in einer Festschrift von 1924 aus.

Gestützt auf seine Solinger Erfahrungen, entwickelte er in der täglichen Auseinandersetzung mit praktischen Schwierigkeiten seine kommunalpolitischen Überzeugungen weiter. Die „Selbstverwaltung der Städte" wurde allmählich zu einem Eckpfeiler seines politischen Denkens.

Carl Goerdeler bezog sich damit auf Ansätze des Freiherrn vom Stein; welche Bedeutung hatte dieser Rückgriff? Die preußische Reformzeit war für ihn ein bewunderungswürdiger Abschnitt deutscher Geschichte. Politische Erneuerung und Gesundung nach einer tiefen Krise durch Übertragung von Verantwortung an den Bürger, Bindung des Bürgers an den Staat durch Gewährung von Freiheit – das schien ein Ausweg auch in der Gegenwart. An einer Stelle bezeichnet Goerdeler die Selbstverwaltung als „die deutscheste Verfassung". Die zunächst gegebene Distanz zur Republik konnte er überbrücken, indem er an die eigene deutsche Tradition anknüpfte. –

Der Kampf für die Selbstverwaltung war indes nicht nur rückwärts gewandt, sondern hatte auch sehr moderne Züge. Mein Vater liebte zwar Begriffe wie „Ordnung", „Autorität", „Verantwortung", aber seine Sprache darf nicht darüber hinwegtäuschen, daß er sich in Denken und Handeln viel stärker an den Erfordernissen der Gegenwart orientierte als an der Vergangenheit.

Zu diesen Aufgaben gehörte die Neuordnung der Verwaltungsstruktur. In der Weimarer Verfassung war das Verhältnis von Reich, Ländern und Gemeinden anders geregelt worden als im Bismarckreich. Der 1919 ausgehandelte Kompromiß erwies sich jedoch in der Folgezeit als nicht sehr glücklich, unter anderem weil er so einseitig zu Lasten der

Gemeinden ging. Ihnen wurden die eigenen Einnahmequellen entzogen und ihr Handlungsspielraum sehr stark eingeschränkt. Die neu geschaffene Reichsverwaltung zog, im Wetteifer mit den alten Länderbürokratien, immer mehr Kompetenzen an sich; wichtige Bereiche des sozialen Lebens wurden jetzt von oben geregelt und die Gemeinden zu bloßen Erfüllungshilfen übergeordneter Instanzen degradiert. Daher formierte sich in den zwanziger Jahren eine Reformbewegung, die die kommunale Selbstverwaltung gegenüber den zentralistischen Tendenzen des modernen Staates verteidigen und den aufgeblähten bürokratischen Apparat auf allen Ebenen vereinfachen und straffen wollte.

Ihre Hauptvertreter waren führende Kommunalpolitiker – unterschiedlicher Parteizugehörigkeit –, ihr zentrales Organ der Deutsche Städtetag. Mein Vater arbeitete in dieser Gruppe besonders engagiert mit. Er entwarf zahlreiche Denkschriften, die ihn auch einem breiteren Publikum bekanntmachten. Sein Ansehen als kompetenter Fachmann mag die Berufung zum Oberbürgermeister von Leipzig gefördert haben; es trug ihm jedenfalls noch nach der „Machtergreifung" die Verpflichtung zur Mitarbeit in einer Kommission ein, die eine einheitliche deutsche Gemeindeordnung ausarbeiten sollte.

Bei der Diskussion ihrer Reformvorschläge in den zwanziger Jahren wurden die Kommunalpolitiker mit dem Grundsatzproblem konfrontiert, daß demokratische Mitbestimmung Entscheidungsprozesse komplizierter und schwerfälliger machen kann. Das zeigte sich besonders deutlich, nachdem die Abschaffung des Zensuswahlrechts bei den Gemeindewahlen zu einer stärkeren Politisierung des Gemeindelebens geführt hatte. Polemik belastete manche Gemeinderatssitzung, notwendige Beschlüsse wurden hinausgezögert. Dies schien gerade in einer Zeit großer Herausforderungen (Kriegslasten, Inflation, später die Weltwirtschaftskrise) kaum zu verantworten.

Mein Vater knüpfte in dieser Situation an seine praktischen Erfahrungen an. Er schlug vor, die Stellung des gewählten Oberbürgermeisters zu stärken. Gleichzeitig wollte er die eigentliche Arbeit der Gemeindevertretung in einen „Hauptausschuß" verlegen; nur Grundsatzentscheidungen sollten im Plenum gefällt werden. Auf diese Weise sollte reine Parteipolitik aus dem Rathaus möglichst herausgehalten werden. An diesem Modell – das in den Grundzügen in den späteren Verfassungsplänen wiederkehrt – wird mein Vater auch nach 1933 festhalten, um so mehr, als er damit eine Waffe gegen den Anspruch der NSDAP in der Hand hielt. –

Einwände aus heutiger Sicht lassen sich gegen diese Pläne leicht formulieren. Die Reformer, so sehr an zügiger Arbeit und sachgerechten Lösungen interessiert, haben sicher die politischen Implikationen unterschätzt, die mit jeder Sachfrage gegeben sind, und sie waren deshalb in Gefahr, sich gegen den Einfluß der Parteien allzusehr zu wehren. Politische Blindheit wird man ihnen dennoch nicht vorwerfen können. Mein Vater hat so bedeutende Politiker wie Ebert oder Stresemann seit jeher geschätzt, ihr Verdienst um Deutschland wie ihre menschliche Haltung gewürdigt. Mehr und mehr wich auch seine anfängliche Distanz einer Anerkennung der Republik. Wie stark er sich bei allen Vorbehalten mit dem neuen Staat identifizierte, zeigte sich in der Stunde der Gefahr. In der Krise unmittelbar vor der „Machtergreifung" forderte er statt eines Präsidialkabinetts eine große Koalition oder eine Allparteien-Regierung.

In seiner eigenen beruflichen Tätigkeit fühlte er sich zwar auch weiterhin dem Ideal der Überparteilichkeit verpflichtet, aber er akzeptierte die Parteipolitik anderer. Seine Haltung wurde von den Stadtverordneten honoriert:

Bei der Einführung Goerdelers als Bürgermeister in Königsberg im Januar 1920 hatten die linken Parteien den Sitzungssaal verlassen; zehn Jahre später nahmen sie geschlossen an seiner feierlichen Verabschiedung teil.

Meine Kindheit

Ostpreußen in den zwanziger Jahren – Landschaft und Zeit sind mir vertraut. Denn das Kind, das meine Mutter 1919 sehnlich im heimatlichen Königsberg zur Welt bringen wollte, das dritte von fünfen, dies Kind war ich. So kann ich gut die Aufgabe der Familienchronistin übernehmen. Anneliese Goerdeler beschrieb die Stationen des Lebens an der Seite ihres Mannes schon unmittelbar nach der Katastrophe von 1945, als sie nicht ertrug, ihre Gefühle dem Papier preiszugeben. Ich schreibe aus größerer Distanz. Da fällt es mir leichter, die unbeschwerten Seiten im Leben meines Vaters aufzuschlagen, mit den Bildern eines bewegten, fröhlichen Familienlebens, das unsere Kindheit geprägt hat.

Carl Goerdeler – sein Name und sein Schicksal sind gebunden an die dunkelste Zeit deutscher Geschichte; für mich, das Kind, war er ein fröhlicher, ein starker und beschützender Vater. Wir fünf Geschwister wuchsen in einem lebensbejahenden Zuhause auf. So sehr er auch beruflich in Anspruch genommen war, unsere Freuden, Nöte und Ängste nahm er wahr und ernst. Sicher gab es damals im Alltag mehr Abstand zwischen Vater und Kindern als in heutigen jungen Familien. Aufforderungen und Verbote waren nur selten von Erklärungen begleitet, und wir hatten selbstverständlich Rücksicht auf die Bedürfnisse der Erwachsenen zu nehmen. Jedoch hat uns das nicht bedrückt, es ist uns nicht einmal aufgefallen. Wir wußten, es bestand ein unausgesprochenes Einverständnis zwischen den Eltern und uns Kindern. Ein Klima des Vertrauens, der Rücksichtnahme und Zuneigung umgab auch Vater und Mutter, und es ist daher die Ehe meiner Eltern, die unser Zuhause bestimmt hat.

Meine Mutter, 1888 geboren, war eine kluge und gebildete Frau. Ihr Vater, ein angesehener Augenarzt in Königsberg, hatte ihre Freude am Lernen liebevoll begleitet; so führte er selbst seine Töchter Anneliese und Sabine auf der klassischen Reise durch Italien, ließ sie durch eine französische „Bonne" unterrichten und ermöglichte ihnen eine vorzügliche kammermusikalische Ausbildung. Beethovens Duo-Sonaten, die sie mit ihrer sehr geliebten Schwester spielte, haben im Gedächtnis meiner Mutter einen bevorzugten Platz behalten. „Ernte" dieser behutsamen Erziehung war nicht nur die Empfänglichkeit für künstlerische Eindrücke, die meine Mutter auszeichnete; darüber hinaus besaß sie ein sicheres Stilgefühl und Begeisterungsfähigkeit, die unser Zuhause reicher und die Bürde ihres Mannes leichter machten. Noch recht ungewöhnlich für die damalige Zeit, machte meine Mutter 1906 Abitur und studierte einige Semester Deutsch und Philosophie. Kleine Zeitungsartikel sind von ihr erhalten und das Manuskript eines Vortrages, den sie im Rundfunk gehalten hat, über Henri Dunant.

So selbständig sie geistig war, emanzipiert im heutigen Sinne war meine Mutter nicht. Nicht nur liebte sie ihren Mann, sie bewunderte ihn auch und war immer für ihn da, wenn er sie brauchte. Es bereitete ihr kaum Mühe, sich eher nach seinen Wünschen als nach den eigenen zu richten. Andererseits hörte mein Vater vor allen wichtigen politischen und beruflichen Entscheidungen auf ihren Rat und ihre Einwände. Den Ausschlag gab ihr Wort in den vielen kleinen und großen Entscheidungen unseres Alltags, und so war sie es, die unsere Erziehung formte. Und das fand wiederum mein Vater ganz in Ordnung.

Charakteristisch für unser Familienklima ist das, was ich heute das „mittägliche Ritual" nennen möchte. Um ihren hart arbeitenden Mann vor seiner lebhaften Kinderschar abzuschirmen, pflegte meine Mutter an den Wochentagen, wenn er sehr abgespannt war, mit uns „vor"zuessen. So konnten wir, wenn wir mittags aufgeregt von unseren Schulerlebnissen nach Hause kamen, bei Tisch uns alles Wichtige von der Seele reden. Sobald dann gegen halb drei, meist angekündigt von seinem „Vorzimmer" im Rathaus, mein Vater heimkam, war meine Mutter immer nahe der Eingangsdiele. Konnte er sie nicht gleich entdecken, rief er – liebevoll, doch deutlich vernehmbar – nach ihr. Dann setzte sie sich, während er aß, zu ihm und hörte zu, fragte wohl auch, was der Vormittag im Amt an Wesentlichem gebracht hatte. Wir Kinder hatten diese Stunde zu respektieren und blieben in unseren Kinderzimmern. Oft drang die Stimme des Vaters durch die Türe, nicht selten erregt oder ärgerlich, mitunter auch im Ton der Zufriedenheit, aber immer fühlbar von dem Bedürfnis bewegt, verstanden zu werden. Erst als wir älter wurden, durften wir Kinder an der „Mittags-Konferenz" teilnehmen – sofern wir Lust dazu hatten.

Zu uns kam der Vater oft erst nach dem Essen, begrüßte uns mit einem zärtlichen Kuß und der eher rhetorischen Frage: „Na, wir war's im Schülchen?" Wenn mein Vater Zeit hatte, eine kurze Mittagsruhe zu halten, mußten wir unsere sonst recht lauten Spiele dämpfen. In Königsberg wurden wir oft mit dem Kindermädchen zum Spielen auf den nahegelegenen „Paradeplatz" geschickt, da wir keinen eigenen Garten hatten. Auch dafür sorgte meine Mutter. Ich erinnere mich gut, daß sie sich darum kümmerte, dem Vater Zonen der Ruhe zu schaffen, die er selbst nie von uns forderte. Er verstand, daß Kinder ausgelassen spielen wollten und sollten, und bedauerte es eher, als wir aus den Kinderschuhen herausgewachsen waren, seiner Arbeit den Vorrang gegeben zu haben vor der Teilnahme an unserem Leben. Freiheitsraum, der ihm und seinen Geschwistern ganz selbstverständlich zugestanden worden war, hat er auch uns immer gegönnt.

Das war aber, solange wir in Königsberg lebten, nicht leicht zu bewerkstelligen. Wir wohnten, jedenfalls die längste Zeit, mitten in der Stadt in der zweiten Etage der Theaterstraße 10. Im Erdgeschoß wohnten zwar die Großeltern Ulrich, die Eltern meiner Mutter, bei denen wir uns auch zu

Hause fühlen konnten. In der ersten Etage aber, also direkt unter uns, wohnten die Hausbesitzer, und wir hörten oft als Kinder: „Seid nicht so laut, Schlegelbergers kommen sonst herauf!" Als die Tochter des Eigentümers heraufgeschickt wurde, uns zu mehr Ruhe zu mahnen, stellte sich ihr mein damals etwa vierjähriger Bruder Reinhard trotzig entgegen und trompete selbstbewußt: „Wir sind eben eine laute Familie!" Die Eltern konnten nicht derart auftrumpfen, vor allem meine Mutter nicht, mußten sie doch bei der damaligen Wohnungsknappheit eine Kündigung befürchten. Sie hatten sich höflich zu entschuldigen und uns im Zaum zu halten.

Die Aufgaben waren verteilt, Rücksichtnahme gehörte dazu. Unnahbar ist uns der Vater dadurch zum Glück aber nicht geworden. Es gab auch Abende ohne dienstliche und gesellschaftliche Pflichten, und mein Vater konnte sich zu Hause schnell von der Tageshetze entspannen. Wieder gab es so etwas wie ein Ritual, auf das wir Kinder bauen konnten: Wir aßen mit der Mutter „vor", der Vater kam erst, wenn wir Kleineren schon im Bett lagen. Nur Ulrich, der Älteste, genoß das heiß beneidete Privileg, länger aufzubleiben. Wenn es noch nicht allzu spät war und wir noch nicht schliefen, kam der Vater zuerst zum Gute-Nacht-Sagen zu uns ins Kinderzimmer. Nun war unser Glück an der Reihe: „Tonne-Tonne-Bierchen". Vater und Mutter stellten sich auf, einer griff das Kind unter den Armen, der andere an den Füßen, schaukelten es im leichten, allmählich sich steigernden Schwung – und warfen es (sanft) ins Bett.

Erst nach dem Kinderstuben-Spaß setzte sich mein Vater zum Abendbrot, bei ihm die Mutter mit dem immer gefüllten Stopfkorb, und wir Kinder kamen in dieser Obhut zur Ruhe. Ich allerdings konnte oft lange nicht einschlafen; vor allem dann nicht, wenn die Eltern abendlichen Verpflichtungen nachkommen mußten – was doch sehr häufig anstand. Angespannt wartete ich darauf, daß ein Lichtspalt unter der Verbindungstür zum Elternschlafzimmer anzeigte: die Eltern gingen zu Bett. Leise, damit die Brüder nichts merkten, schlüpfte ich dann hinüber zu meinem Vater, um in seinen beschützenden Armen, während er noch las, trotz der hellen Nachttischlampe einzuschlafen. Am nächsten Morgen erwachte ich dann wieder im eigenen Bett, hinübergetragen, ohne daß ich dessen gewahr wurde. So sehr meine Brüder mich auch verspotteten, wenn sie meine nächtlichen Eskapaden entdeckten, meinen Zufluchtsweg ließ ich mir nicht ausreden, und mein Vater hat mich auch niemals zurückgewiesen. Das Verständnis für meine kindlichen Ängste konnte ich spüren.

Ulrich und Christian waren vor mir auf die Welt gekommen, Reinhard zwei Jahre nach mir. Meine Schwester Benigna, genannt Nina, wurde erst zehn Jahre später geboren. Wurde ich – zwischen den drei Brüdern – eigentlich „als Mädchen" behandelt? Ich kann mich nicht daran erinnern, daß Vater oder Mutter jemals gesagt hätten: „Ein Mädchen tut das nicht!" Ich galt als „wilde Hummel" und durfte es sein. Einen Vorteil hatte ich aber, das erste Mädchen zu sein: Ab und an machten sich die Brüder zunutze, daß mir mein Vater Bitten schwer abschlagen konnte. Wenn es darum ging, Bewilligungen einzuholen – länger aufbleiben zu dürfen oder ein Spiel zum Ende zu führen –, schickten sie mich gern als Bittstellerin vor.

Die Bevorzugung des „Töchterchens" war jedoch begrenzt. Unvergessen ein Erlebnis: mein jüngerer Bruder und ich, damals etwa acht Jahre alt, hatten uns heftig gestritten, und ich war dabei, Reinhard kräftig „eine zu langen". Mein Vater kam unverhofft dazu, trennte uns, sprach mit uns begütigend und forderte schließlich von mir, dem Unterlegenen friedlich die Hand zu geben. Ich aber nutzte die Gelegenheit und gab dem Jüngeren eine noch härtere Ohrfeige. Im Nu lag ich auf Vaters Knien – und er hat mich ordentlich versohlt. Solche Strafen war ich gar nicht gewohnt; unsere Eltern haben uns nie geschlagen, daher war die Lehre für mich anfangs unfaßbar, später unvergeßlich. Keine Predigt über Fairneß hätte mich so tief beeindrucken können.

Wenn ich mich weiterhin an den „gestrengen Vater" erinnern will, kommen mir ausgerechnet die Sonntage in den

Sinn. Dabei begannen sie doch äußerst fröhlich: die kleineren Geschwister besuchten als erstes morgens die Eltern im Schlafzimmer und tobten höchst vergnügt mit ihnen im Bett herum, bis zum Aufstehen gemahnt wurde. Dann, sehr unvermittelt, hatten wir uns am Frühstückstisch „anständig" zu benehmen. Es gab mißbilligende Blicke von meinem Vater, wenn wir auszubrechen versuchten. Da war es wohl kein Zufall, daß ausgerechnet am Sonntagmorgen, wenn meine Vater eine Mahlzeit mit uns teilte und eine blütenweiße Tischdecke aufgelegt war, mein ältester Bruder mit einer Regelmäßigkeit, als hätte er den Ärger heraufbeschwören wollen, seinen Kakaobecher umstieß. Die so ungewohnte Nähe des Vaters irritierte ihn wohl, und das Bemühen, allen Anforderungen zu entsprechen, hatte den genau gegenteiligen Effekt. Ein dunkler Kakao-Teich, hastige Versuche, das Unglück zu retuschieren, Mutters Versuche zu beruhigen, Vaters stummer aber spürbarer Grimm – nicht ganz zufällig eine meiner deutlichsten Kindheitserinnerungen. Meist beendete mein Vater dann selbst die bedrückende Pause und befreite seinen Ältesten durch den Beginn eines Gesprächs aus der Verlegenheit.

Auch beim Mittagessen herrschte am Sonntag nicht von vornherein dieselbe Ungezwungenheit wie alltags, wenn wir mit unserer Mutter allein waren. Letztlich standen wir Kinder unter dem Bann, uns in Gegenwart des Vaters besonders manierlich betragen und essen zu müssen: Gerade sitzen, mit Gabel und Messer richtig hantieren, keine Eßgeräusche. Auch wenn es nicht abverlangt wurde, überließen wir dem Vater das Wort und warteten auf das Zeichen zum frohen Durcheinanderschwatzen.

Ich habe das nicht ohne Absicht ausführlich geschildert. Meiner Generation, und auch noch der nachfolgenden, ist diese Erziehungshaltung noch recht vertraut. Heute reibt man sich die Augen, so geht es mir auch. Weshalb nun diese ungewöhnlich gespannte Stimmung gerade bei den Mahlzeiten, wenn wir den Vater endlich bei uns hatten? Warum wurde überhaupt auf „manierliches Essen" so viel Wert gelegt? Ich denke jetzt, das Einüben von guten Tischsitten und weiteren „Benimm-Regeln" sollte uns Kindern das Einleben in die offizielle Erwachsenenwelt, „die Gesellschaft", erleichtern. Wir würden uns in ihr einmal bewegen und zurechtfinden müssen. Meine Eltern, die ein durchaus freies Verhältnis gegenüber konventionellen Zwängen pflegten, erwarteten darum von uns zunächst das übliche Wohlverhalten. So wurde der Vater bei Tisch zur „Respektsperson", – zu unterscheiden von dem geliebten Spielkameraden, der eben noch mit uns im Bett getollt hatte. –

Zum Glück sorgten die Warmherzigkeit meiner Mutter und das fröhliche Temperament meines Vaters dafür, daß diese Bewährungsproben nicht allzu quälend wurden. Erst nach dem Krieg, als alte Frau, hat meine Mutter ab und zu kopfschüttelnd an manch starres Prinzip gedacht und mich darin bestärkt, solche Dressur meinen Kindern zu ersparen. Mit dem Kriegsende haben sich die sozialen Verhältnisse in so vieler Hinsicht geändert, daß „gute Manieren" heute eine bedeutend geringere Rolle für die Anerkennung in der Gesellschaft spielen. Ich will aber nicht ausschließen, daß mit dem Formalen auch manches an Substanz verlorenging, das meine Eltern bewahrt wissen wollten.

Heute gibt es auch den repräsentativen Bereich nicht mehr, der sich, für Kinder erlebbar, von dem eigentlichen Wohnbereich abgrenzte, in dem sich das Leben der Familie abspielte. Zur Aussteuer meiner Mutter hatte sowohl die Einrichtung für einen „Salon" als auch für ein Herrenzimmer" gehört. Der Salon meiner Mutter konnte gefallen: ein geschnitztes Eckschränkchen, kleine Bücherregale, Sofa und bequeme Sessel bildeten ein intimes Ensemble; der festliche Kristall-Leuchter, die feinen Stores mit eingearbeiteter Filetspitze und der große Flügel bestimmten die Einrichtung eher zum Repräsentieren als zum täglichen Wohnen. In diesem „Salon" saßen die ‚Damen', wenn meine Mutter zu Kaffee oder Tee eingeladen hatte. Ja, tatsächlich, als ich Kind war, wurden die Gäste noch „Damen" und „Herren" genannt.

Nicht selten kam meine Mutter während eines Damenbesuches zu uns ins Kinderzimmer und forderte uns auf: „Wascht euch die Hände und kommt mal Guten Tag sagen!" Wir haben das auch brav gemacht, die Brüder machten einen Diener, ich einen Knicks. Erst nach der Konfirmation durften wir an Abendgesellschaften teilnehmen. Das war recht häufig der Fall, solange mein Vater ein öffentliches Amt innehatte. Auch in dem sonst sehr sparsamen Beamtenhaushalt wurde zu diesen Anlässen eine Köchin „extra" engagiert. Unser Hausmädchen „servierte" und trug dazu ein schwarzes Kleid mit einer weißen Zierschürze, oft wurde sie von einer weiteren Servierhilfe unterstützt.

Ferne Welt! – Beruf und Bedeutung meines Vaters haben sich mir als Kind aber zuerst durch diese offiziellen Formen der „Gesellschaft" vermittelt. Wir Kinder beobachteten diese Welt nur von weitem, nahmen sie mit Neugier und Bewunderung wahr. Die Aussicht, eines Tages an ihr teilzunehmen, war ein Gegenstand unserer Träume in die Zukunft. Wie die Gäste würden wir eines Tages festlich angezogen an der großen Tafel sitzen mit dem ausgesuchten Blumenschmuck und dem feinen Porzellan, den geschliffenen Gläsern und dem glänzenden Silber, ein Menü genießen, wie wir es sonst nicht kannten. –

Wenn sie sich auf Abendgesellschaften vorbereiteten, trieb ich mich oft bei den Eltern im Schlafzimmer herum und schaute ihnen beim Ankleiden zu. Schön sahen sie aus und eindrucksvoll: Meine Mutter, besonders hübsch frisiert, im langen, weich fallenden Seidenkleid, mein Vater groß und schlank, im Smoking oder Frack. Sie wirkten vergnügt und aufgeräumt, hatten einander so viel zu erzählen – es sei denn, meine Mutter mußte „stillhalten": dann beugte sich mein Vater über einen zierlichen Verschluß und mühte sich, die Perlenkette zusammenzubringen. Er kannte jede einzelne, denn Jahr für Jahr, zu Weihnachten, wuchs die Kette um eine Perle. – Daß meine Eltern unter ihren Verpflichtungen geseufzt hätten, entsinne ich mich nicht. Erst später verloren sie die Freude an diesen Formen der Geselligkeit, als Höflichkeit ihren Sinn einbüßte und zur Maske wurde, hinter der sich menschliches Versagen verbarg.

Risse kündigen sich mitunter früh an. Wir Kinder haben davon aber nichts bemerkt. Heute allerdings fällt mir auf, wie schon damals, vor der Gewaltherrschaft, zwei Welten auseinandertraten: die Welt der Repräsentation, der es an Glanz nicht fehlte, und eine politisch-soziale Welt, die voller unbewältigter Krisen war. Häufig mußte mein Vater an Sonntagvormittagen Ausstellungen eröffnen, bei Gedenkfeiern oder Jubiläen die Festansprache halten. Wir sahen dann sein Bild am nächsten Tag in der Zeitung und waren stolz auf ihn; wir erkannten aber nicht, konnten noch nicht erfassen, wie oft seine Reden Sorgen um die wirtschaftliche Lage, um die Not der Bevölkerung ausdrückten. Wie oft kam mein Vater abgespannt und aller Dinge müde nach Hause! Schaue ich zurück, lese die Aufsätze und Denkschriften aus den Amtszeiten meines Vaters, will es mir nicht gelingen, sie mit der gehobenen Stimmung und dem Anblick meiner Eltern zu vereinbaren, die sich auf eine Abendeinladung vorbereiten.

Unser Kinder-Dasein blieb wohl frei von Problemen und Spannungen der „großen Welt"; aber in unser behütetes Zuhause drangen doch Signale, deren bedrohlichen Charakter wir wahrnahmen, ohne ihn zu verstehen. Da gab es jene erregten Mittagsgespräche, bei denen mein Vater seine Probleme irgendwie mitteilen mußte, sich bei meiner Mutter aussprechen konnte und des Zuspruchs bedurfte. Und es gab jene Abende, als meine Mutter uns schon beim Abendbrot ankündigte, der Vater würde kaum vor Mitternacht nach Hause kommen: „Heute ist Stadtverordneten-Versammlung. Und da wird es wieder stürmisch!"

Harmlos-kindliche Erinnerungen an den beruflichen Alltag meines Vaters habe ich allerdings auch; sie knüpfen sich an den Besuch in seinem Arbeitszimmer. Gelegentlich durften wir ihn abholen. Abenteuerlich wurde es, wenn uns der Pförtner in das kaum noch belebte „Stadthaus" einließ. Wir fuhren dann mit dem Paternoster (einem türlosen, offenen

Fahrstuhl, von dem es in Hamburg und Berlin noch denkmalgeschützte Exemplare gibt), um zum Dienstzimmer unseres Vaters zu gelangen. Paternoster bewegen sich gemächlich, aber ohne Halt in dem einen Schacht nach oben, in dem anderen nach unten. Man muß schon aufpassen, rechtzeitig auf- und abzuspringen. Ab und zu gönnten wir Kinder uns auch das schöne Gruseln, in den Keller hinunterzufahren, um „die Kehre" mitzumachen. (Die wirklich Furchtlosen fuhren aber ins Gebälk, wo Zahnräder knirschten und das Abteil ja eigentlich hätte „umkippen" müssen.) – Im Dienstzimmer angelangt, fanden wir es aber auch spannend. Während der Vater seine letzte Unterschriftenmappe erledigte, machten wir uns über den Papierkorb her, in dem wir immer etwas Interessantes an Umschlägen, Briefmarken und bedrucktem Papier fanden. Höchst willkommenes Material, mit dem mein Bruder Christian und ich mit gewichtiger Miene „Buro" spielten. Ungebrauchte Umschläge, gar Bleistifte oder Radiergummis durften wir, zu unserem Kummer, nie mit nach Hause nehmen. Unser Vater erklärte bestimmt, sie gehörten nicht ihm, sondern allen Bürgern der Stadt, und er könne sie uns nicht für unsere Spiele schenken. So hat er uns früh – und wie beiläufig – dazu erzogen, den Unterschied zwischen privatem und öffentlichem Eigentum zu erkennen. Wie wichtig ihm das war, lernte ich später begreifen, wenn er zornig über Menschen sprach, die den Grundsatz nicht achteten.

Hatte der Vater seine Arbeit abgeschlossen, wartete draußen auf uns der Dienstwagen, am Lenkrad Herr Thurau, den wir schon wegen seiner grauen Dienstmütze bewunderten. Wir hatten nie ein eigenes Auto, und mein Vater bestand unerbittlich darauf: Dienstwagen dürften nur zu dienstlichen Zwecken benutzt werden. Gottlob war die Heimfahrt des Chefs ein dienstlicher Zweck. Mit dem Vater heimgefahren zu werden, bedeutete für uns Kinder den krönenden Abschluß des Besuchs im Rathaus.

Die Schilderung meiner Kinderzeit wäre unzulänglich, würde ich nicht auch von dem „Ferienvater" berichten. Unter

„Ferien" verstanden wir natürlich vor allem die Sommerferien. Diese sechs Wochen im Juli und August waren viel mehr als eine Aufeinanderfolge von freien Tagen, die Eltern und Kinder zusammen verbrachten. Sie waren der Inbegriff von Weite, Unbeschwertheit und Freiheit, einfach von Glück. Denn Glück hatte für uns auch einen festen Ort. Bis 1944 verbrachten wir die Ferien des Jahres in Ostpreußen, in Rauschen-Düne. Um die Jahrhundertwende hatten dort die Eltern meiner Mutter ein großes Grundstück als Alterssitz und als Feriendomizil für die Kinder erworben. Es lag unmittelbar an der samländischen Steilküste; hundert Stufen gingen wir auf eigenem Gelände zum Strand hinunter. Damals schon war Rauschen ein aufstrebender Badeort. Heute ist Swetlogorsk eines der beliebtesten sowjetischen Ostseebäder.

Mein Großvater Ulrich hatte auf dem Gelände, das ursprünglich noch Dünen-Charakter hatte, nicht nur ein zweistöckiges Haus mit einem Dachgeschoß erstellen lassen, er hatte sich auch sorgsam darum gekümmert, den steil zum Meer abfallenden Hang gegen die Absturzgefahr während der großen Herbststürme zu schützen; den natürlichen Bestand an Bäumen im oberen Teil hatte er erhalten und den Abhang mit Erlenbüschen, Birken und kleinen Kiefern befestigt. Nur eine große Sandterrasse zum Meer hin war von der Bepflanzung ausgespart. Im Vordergarten gab es ein paar Rhododendronbüsche und einige von der Großmutter fast eifersüchtig gehütete Rosenstöcke. Wir Kinder hatten in diesem Naturgarten ein ideales Gelände für alle unsere Spiele: zahllose Versteckmöglichkeiten, Geheimsitze in Birken, Pfade zum Stelzengehen. Schaukel, Reck und Wippe und das geliebte Kegelspiel fanden wir auf der Sandterrasse; dort durften wir auch nach Herzenslust im Sand buddeln. Kurz, es war ein Paradies für uns Kinder.

Sein Reiz wurde für uns dadurch gesteigert, daß wir es mit einem Vetter und drei Kusinen genießen konnten. Fritz, der jüngere Bruder meines Vaters, hatte Sabine, die Schwester meiner Mutter, geheiratet. So waren auch die Elternpaare untereinander eng verbunden. Onkel Fritz, Kommunalbeamter wie mein Vater, war auch sein engster Vertrauter. – Der Schlüssel zu diesem Paradies lag in der Hand meiner Großmutter Anna Ulrich. Nach dem frühen Tod ihres Mannes hatte sie das Anwesen allein zu erhalten. Nie ließ sie uns die damit verbundene Mühe spüren. Sie ging ganz darin auf, uns zu verwöhnen, und sich mit uns (und an uns, darf ich heute sagen) zu freuen. Als Kinder spürten wir natürlich die glücklich geknüpften Bindungen zwischen den Erwachsenen; so habe ich damals meinen „Ferienvater" wirklich unbeschwert erleben können.

Politische Gespräche zwischen den Elternpaaren konnten nicht ausbleiben, berührten den Ferienalltag aber nicht, solange wir Kinder waren. Oft nämlich hatten die Brüder Carl und Fritz anderes zu tun, als zu politisieren. In dem waldähnlichen großen Grundstück stand praktische Arbeit an: da mußten die beiden Bürgermeister tote Äste entfernen, zu dicht stehende Büsche ausdünnen und viel, viel sägen. Das allerdings taten sie mit Feuereifer. Denn wenn sie sich am Sägebock mühten, um Kleinholz für die Kachelöfen vorzubereiten, oft stundenlang, hatten sie Zeit für ihre Zwiegespräche. –

Mit besonderer Leidenschaft widmeten sich Carl und Fritz den Ausbesserungsarbeiten der hundert Stufen, die zum Strand hinunterführten; ein Vermächtnis gewissermaßen, das sie übernommen hatten. Die passenden Holzpflöcke mußten zugerichtet, an Ort und Stelle in den Sandboden eingeschlagen und der Rahmen mit Sand aufgefüllt werden. – Noch heute kann ich sehen, wie Vater und Onkel nach getaner Arbeit, höchst zufrieden „mit sich und der restlichen Welt", vor diesen fertigen Stufen standen.

Fröhlich ging es am Strand zu, wenn die Väter mit uns ihre Kräfte an lustigen Hebeübungen erprobten, im Wasser nach hart gekochten Eiern tauchten oder sich an den heftigen Spritzschlachten beteiligten. Nachmittags ging es oft ans „Kegeln", und alle versuchten ihre Künste bei einem heute wohl verschollenen Spiel. Es war gar nicht so einfach, die am

Seil hängende Holzkugel so um den Pfahl schwingen zu lassen, daß sie möglichst viele Kegel traf. Liebevoll wurde dabei den Kleinen geholfen, den Größeren Mut gemacht. So lernte sich das Verlieren-Können leichter und bedrückte die Kinder nicht: Leistung war nicht die Hauptsache, überzogener Ehrgeiz störte das Spiel ja nur.

Die von uns Kindern gar nicht immer geliebten Wald- und Küstenspaziergänge, für deren Schönheit wir noch wenig Sinn hatten, versüßten die Eltern manchmal mit kleinen Freuden: Einkehr zu einem Glas Limonade, Rückkehr mit der Eisenbahn – einer richtigen „Bimmelbahn", bei der man noch auf dem „Perron" stehen durfte. Höhepunkt war alljährlich eine Fahrt mit zwei Kutschen in den Wald - zum „Hausen", einer der höchsten Erhebungen in dem nur sandgewellten Samland. Dort verzehrten wir die Butterbrote und tranken in hohen Kannen mitgebrachten Milchkaffee. Dann begann ein Vergnügen eigener Art: das Suchen und Sammeln von Walderdbeeren. Von unserem Rastplatz in der Waldlichtung schwärmten wir nach allen Seiten aus. Eifrige Zurufe kündeten von immer neuen Fundstellen. Die Väter, die sich gar nicht so gern bückten, riefen oft ihre nicht so findigen Kleinsten herbei. So brauchten sie im Wettstreit um die größte Ernte nicht zurückzustehen. Einträchtig füllten wir alle zum Schluß die inzwischen gesäuberten Kannen mit unserer Ausbeute.

So, und nun ging es zu dem immer gleichen Waldgasthaus, wo wir unter alten Linden saßen und zu unseren Vesperbroten Milch und Saft spendiert bekamen. Bei Dunkelheit brachen wir auf, leicht rollten und federten die Kutschenräder auf den herrlich weichen Sandwegen, wie es sie überhaupt nur noch auf dem Lande im Osten gibt. Die Erwachsenen stimmten uns wohlvertraute Lieder an, die älteren Geschwister fielen ein, während die Kleinen, warm verpackt, zu schlafen begannen. Nie durfte es zu laut werden, alle wollten sich auch an der Stille des Waldes freuen.

Solche stimmungsvollen und vergnügten Fahrten mit dem Pferdewagen schildert mein Vater auch in seinen Jugenderinnerungen. Als ich sie jetzt wiederlas, ist mir bewußt geworden, wie sehr unsere Eltern versucht haben, aus der eigenen, als glücklich erlebten Kindheit uns eine ähnliche Welt mit ihren kleinen verläßlichen Freuden zu schaffen. – Im Alltag war mein Vater in seinem Beruf gefangen, in den Ferien vermochte auch er, unbeschwerte Freiheit zu genießen.

Leipzig und Berlin –
Die kleine und die große Welt

„Das Unerwartete", so meine Mutter, „geschah": mein Vater wurde 1930 zum Oberbürgermeister von Leipzig gewählt. – Von außen gesehen, war der Weg vom „zweiten Mann" in Königsberg an die Spitze einer doppelt so großen Stadt ein Karrieresprung. Leipzig war mit 700 000 Einwohnern eine Metropole im damaligen Deutschland, an einer alten Handelsstraße gelegene Messestadt, Zentrum des Pelzhandels mit ausgedehnten internationalen Beziehungen, Standort einer bedeutenden Maschinenindustrie – aber auch Universitätsstadt, Sitz des Reichsgerichts, der Deutschen Bücherei und so angesehener Verlage wie Brockhaus, Insel oder Reclam. Gewandhaus-Orchester und Thomanerchor hatten Leipzigs Ruf in der Musikwelt begründet.

Das lebhaft pulsierende Geschäftsleben, der kulturelle Reichtum der Stadt und ihre vielfältigen Funktionen wurden uns Kindern jedoch erst deutlich, als wir dort aufwuchsen und an dem gesellschaftlichen Leben teilzunehmen begannen. Zunächst, 1930, waren wir uns der Bedeutung Leipzigs ebensowenig bewußt wie des beruflichen Aufstiegs unseres Vaters. Den Eltern lag es nicht, beides herauszustreichen. Eher spürten wir, daß es der Mutter schwerfiel, sich von ihrer ostpreußischen Heimat zu trennen. Auch das geliebte Rauschen, von Königsberg nur 40 Kilometer entfernt, war jetzt in große Ferne gerückt. Leipzig lag ja „im Reich", etwa 700 Kilometer südwestlich von Königsberg – für uns damals eine kaum vorstellbare Strecke! Keins von uns Kindern – Ulrich war bereits siebzehn Jahre alt – war bislang über den westlichen Teil Ostpreußens hinausgekommen. So sahen wir die erste Reise nach Leipzig und den Umzug vor allem als Aufbruch „in ein fernes Land".

Haupterlebnis nach der Ankunft war unser Einzug in ein großes Haus mit weiträumigem Garten – in Königsberg hatte unsere Familie bis 1929 nur in einer mäßig großen Etagenwohnung gelebt. Das Leipziger Haus habe ich schon zu Beginn des Buches für den Leser und für mich in die Erinnerung zurückgeholt. Von uns in schönen aber auch in schweren Jahren bewohnt, soll es nun noch einmal entstehen und von uns gemeinsam durchstreift werden:

Als wir das Haus bezogen, lautete seine Adresse noch: Rathenaustraße 23. Erst unter dem Nationalsozialismus wurde die Straße nach dem Kapitän des im Ersten Weltkrieg untergegangenen U-Bootes „Leipzig" umgetauft und hieß nun Kapitän-Haun-Straße. Sie lag im Vorort Leutzsch, einem erst 1922 eingemeindeten Stadtteil, der nur an seiner westlichen Grenze zu den „guten" Wohngegenden zählte. Reiche Kaufleute wohnten in der vornehmen Karl-Tauchnitz-Straße oder, ebenso fein, am Johanna-Park oder am Rosental. Leutzsch beherbergte eine sozial gemischte Einwohnerschaft. Stadtnah lebten dagegen kleinbürgerliche Arbeiterfamilien, nur am äußeren Rand, in der Nähe des Auenwaldes, gab es zwei Straßen mit teilweise sehr anspruchsvoller Bebauung: Villen mit Reitbahn, Tennisplatz und Schwimmbassin. In der Rathenaustraße war die Bebauung schon nicht mehr ganz so großzügig. Unser Haus lag dicht hinter der sehr befahrenen Eisenbahnstrecke Leipzig-Halle-Erfurt und zudem unmittelbar neben dem Straßenbahn-Depot, Endstation der Linie 17, zu dem sie laut quietschend einbog. Ein großes Grundstück gehörte aber dazu, mit Obstbäumen, Blumenrabatten, vielen Beerensträuchern und Gemüsebeeten. An den Blumen- und Nutzgarten grenzte eine Wiese – früher ein Tennisplatz – und der breite, befestigte Fahrweg an der Seite führte zum „Reitstall". Rosenrondell mit Tempelchen und Reitstall waren Zeugen vergangener Pracht, denn der Erbauer des Hauses hatte Ende der zwanziger Jahre „bankrott" gemacht – ein exotisches Wort für uns Beamtenkinder – und das Anwesen an die Straßenbahn verkaufen müssen. Nun diente uns der grasüberwachsene Tennisplatz zum Fußball- und Hockeyspielen, im ehemaligen Reitstall stand der Dienstwagen meines Vaters, und daneben wohnte statt eines Reitburschen der Chauffeur mit seiner Familie.

Die Wahl dieses Hauses war, wir mir heute scheint, charakteristisch für meine Eltern, aber auch bezeichnend für die Position unserer Familie in der Leipziger Gesellschaft. Die Wohnlage war nicht zu fein, die Miete noch finanzierbar und dem Beamtengehalt angemessen. Die Straßenbahnhaltestelle vor der Haustür machte die Kinder unabhängiger und erleichterte den Schulweg, denn damals wurden Schüler noch nicht mit dem Auto in die Stadt gefahren. Andererseits boten Haus und Garten genug Komfort und Bewegungsfreiheit – einen Spielraum, den sich die Eltern für uns wünschten und der doch in einer Industriestadt nicht leicht zu finden war.

Unvergeßlich sind mir unsere Fahrradrennen zur Garage oder unsere herrlich wilden Hockey-Wettkämpfe mit umgekehrten Spazierstöcken. Der Spielraum Garten ist in unserer Kindheit wirklich zum Ausgleich für den Verlust der weiten ostpreußischen Landschaft geworden. Auch meine Mutter, die ihre Heimat anfangs so sehr vermißte, nahm den Trost an, den der Garten bot: Sie war eine große Blumenliebhaberin, und ihre bezaubernden, kunstvoll-einfachen Sträuße schmückten nun all unsere Räume.

Folgen wir ihr doch in das Innere des Hauses: Sogleich war man von einer ganz besonderen Atmosphäre umfangen, denn die hohe Diele war von dem (eingangs beschriebenen) Glasfenster beherrscht, der „Sonnenuntergang" gab ihr einen eigentümlichen Reiz – als wollte das Haus augenzwinkernd seine Pracht ankündigen. Von hier führten Flügel- und Schiebetüren in eine Reihe von Repräsentationsräumen, den „Salon" etwa oder das „Herrenzimmer". Die Einteilung entsprach im wesentlichen dem Typus einer bürgerlichen Wohnung; nur waren hier alle Zimmer viel geräumiger als vordem in Königsberg. Das Herrenzimmer, das meinem Vater auch als Arbeitszimmer diente, war so langgestreckt, daß es heute gleich in drei kleinere Räume unterteilt worden ist. Das große Speisezimmer bot Platz für dreißig Personen an ausgezogener Tafel; gemütlich wurde es glücklicherweise dennoch, wenn sich nur unsere Familie um den Eßtisch scharte, der dann zu einem Kreisrund zusammengeschoben wurde. Neben dem Eßzimmer lag der Wintergarten, Abstellraum für heizungsempfindliche Pflanzen im Winter, luftige Veranda im Sommer. Zugunsten eines Balkons hatten die Eltern den sich ursprünglich anschließenden „Palmengarten" abgeschafft, er wäre zu extravagant und auch zu kostspielig gewesen. Über eine breite Treppe in der Diele gelangte man nach oben in unseren persönlichen Wohnbereich: die vier Schlafzimmer, ein Bad und das Wohnzimmer, Mittelpunkt unseres Familienlebens.

Hier stand der Nähtisch meiner Mutter, ein zierliches altes Buffet, der große runde Mahagonitisch mit den passenden Stühlen, die alte Mahagoni-Uhr; Sofa und kleiner Sessel bildeten die gemütliche Ecke – fast alles aus dem großelterlichen Haus in Marienwerder. Hier fand uns an Samstag- und Sonntagabenden mein Vater, und ich sehe ihn noch heute, wie er beim Eintreten einen Augenblick verharrte und sich glücklich die Hände rieb. „Kinder, bei euch ist es gemütlich! Machen wir ein Spielchen?" Vergessen schienen Ärger und Sorgen, fröhlich teilte er mit uns Wonne und Spannung des Mah-Yong, spielte eine Partie Whist oder Rommé mit uns.

Auch das Dachgeschoß unseres Hauses war noch ausgebaut. Hier befand sich eine kleine 3-Zimmer-Wohnung, ursprünglich gedacht für ein Diener-Ehepaar, zu unserer Zeit an die uns – noch heute – befreundete Familie Schlegel vermietet. Und nebenan lagen die beiden Zimmer für unsere Hausangestellten.

Die wichtigste Räumlichkeit überhaupt hätte ich fast vergessen: das war – auch vom „Lieferanteneingang" zu erreichen – unsere riesengroße Küche im Erdgeschoß. Sie war darauf zugeschnitten, daß schon an normalen Alltagen ausgiebig geputzt, gekocht und gebraten werden mußte, um wieviel mehr, wenn Gäste zu einem großen Abendessen eingeladen waren! Außerdem war sie das Feld regelrechter Einweckschlachten, wenn es im Herbst galt, Früchte und Gemüse aus dem eigenen Garten zu verarbeiten. Noch immer sehe ich meine Mutter und die Mädchen fleißig Bohnen schneiden, Tomaten ernten, Birnen schälen – ein letzter, prüfender Blick auf die Batterie der Einmachgläser, ehe sie im Keller verschwanden, um erst im Winter wieder aufzutauchen und unseren Speisezettel zu bereichern. Vorratswirtschaft spielte in meiner Jugend noch eine bedeutendere Rolle als heute, wo ein gleichbleibendes Angebot an Gefrierpackungen, Treibhausernten und Importen den Wechsel der Jahreszeiten kaum mehr erkennen läßt. Städtische und ländliche Haushaltung waren einander eben noch ähnlicher!

Vorratswirtschaft und Selbstversorgung hatten den sehr willkommenen Effekt, die Lebenshaltungskosten des neunköpfigen Haushalts zu senken. So „herrschaftlich" der Zuschnitt unseres Hauses war, so einfach, ja bescheiden war der Lebensstil seiner Bewohner. Auch in dieser Hinsicht waren wir nur „mittleres Bürgertum". Meine Mutter mußte mit einem nicht gerade reichlich bemessenen Wirtschaftsgeld auskommen. Oft genug machte sie sich Sorgen, wie sie „mit dem Geld auskommen" könne, und hohe Stromrechnungen konnten sie bis zu Tränen beunruhigen. – Auch der Vater war ungehalten, wenn zum Beispiel immer wieder neue Schulbücher angeschafft werden mußten. Da hat er nach dem didaktischen Sinn der Neuerung gar nicht erst gefragt. Es war einfach ärgerlich, wenn die jüngeren Kinder von den Buchkäufen für die älteren Geschwister nicht profitieren konnten. Lernmittelfreiheit gab es damals noch nicht. Also mußte man da sparen, wo es am ehesten möglich war: am Essen und bei der Kleidung.

Unsere Situation war zweifellos typisch für Beamtenfamilien zwischen den Weltkriegen. Man verfügte über ein festes, gerade ausreichendes Gehalt, hatte aber – seit der Inflation – kein Vermögen mehr als Rücklage. Die Verarmung des Bürgertums hatten wir als Kinder in der eigenen Familie direkt miterlebt. Unser geliebtes Rauschener Haus ließ sich nur dadurch erhalten, daß die Großmutter nach dem Tode ihres Mannes auf die eigene Stadtwohnung verzichtete und sich die Schwiegersöhne an der Finanzierung beteiligten. – Zwei alte Freundinnen meiner Großmutter wurden ab und zu für einige Wochen in unser Haus eingeladen; vorgeblich, weil man ihre Hilfe brauchte, tatsächlich – das wußten auch wir Kinder – um sie dadurch zu unterstützen.

Not und Sparsamkeit waren also miteinander verschwistert, und dennoch war Sparsamkeit mehr: sie war eine Tugend wie die Bescheidenheit und der Sinn für das rechte Maß. „Es muß doch nicht immer so üppig sein", war ein Lieblingssatz meiner Mutter, und der galt für vieles. Aber wir Kinder verstanden sie und machten uns ihre Haltung zueigen. Sie hatte ja recht: der „Schulapfel" (samt Butterbrot) war nicht nur billiger als Wurstschnitten und Näschereien, schmeckte eigentlich genauso gut und war überdies gesünder. Und über das gebrauchte Fahrrad unter dem Weihnachtsbaum habe ich mich uneingeschränkt gefreut, es war ja frisch lackiert, hatte eine glänzende Klingel und rote Gummigriffe!

Mochten auch die Vermögen des gehobenen Bürgertums durch die Inflation aufgezehrt sein, in anderer Beziehung hatte „die alte Welt" den Ersten Weltkrieg überdauert: noch immer waren die Haushalte reichlich mit Personal ausgestattet. Das aber war nur möglich, weil der Lohn vergleichsweise gering war. Auch wir hatten in Leipzig ständig zwei „Mädchen", die klaglos lange Arbeitszeiten hinnahmen und sich mit einem für heutige Begriffe mäßigen Entgelt zufriedengaben – anders hätte sich unser großes Haus kaum pflegen lassen, unser Familienleben sich nicht so vielfältig entwickeln können. Geselligkeit und repräsentativer Rahmen des Bürgertums basierte auf den geringen Ansprüchen der „Bedienungen". Sehr oft kamen die Mädchen aus ländlichen Gebieten, wo die Armut in jener Zeit noch so groß war, daß selbst eine bescheidene Stellung in einem „guten Hause" schon Aufstieg bedeutete.

So stammte „unsere Johanne" in Königsberg aus einer armen Landarbeiterfamilie in Ostpreußen und hatte bei meiner Großmutter Kochen und die übrigen Hausarbeiten gelernt. Ihre Ausbildung verbesserte auch ihre Heiratschancen; sie wurde später die Frau eines gelernten Arbeiters, eines Witwers mit zwei halbwüchsigen Söhnen. Solange sie bei uns war, hatte sie ihre eigenen Wünsche den Bedürfnissen der „Herrschaft" unterordnen müssen, oft hatte sie überdies noch die Aufgabe als „Babysitter" zu übernehmen. Ihr Dienst ist ihr aber wenigstens zu einem Teil durch einen Brauch vergolten worden, der noch aus dem patriarchalischen Schutzverhältnis stammt: ihre Hochzeit wurde – mit einem sehr festlichen Mahl – von meinen Eltern ausgerichtet. Als kleines Mädchen bin ich mir nicht bewußt geworden, was Johanne bei uns entbehrt haben mag. Bald nach ihrer Eheschließung haben wir Kinder sie in ihrem neuen Heim besucht. Bei uns hatte sie ihr eigenes bescheidenes „Mädchenzimmer" bewohnt. Jetzt lebte sie mit ihrer Familie in einem einzigen Wohn- und Schlafraum, der nur zwei Betten enthielt, je eines für die Erwachsenen und die Jungen. Unfaßbar für mich als Bürgerkind! Und doch war sie's zufrieden.

Mein Vater kannte „die Welt der armen Leute" natürlich besser als wir Kinder; seine dienstlichen Pflichten brachten es mit sich, daß er mit allen Bevölkerungsschichten Verbindung hielt, anders hätte er sein Amt auch nicht verstehen wollen. Es fiel ihm nicht schwer, das Vertrauen auch einfacher Leute zu gewinnen, sich ein Bild von ihrer Notlage zu machen. Wir wußten wenig darüber, obwohl sich Gelegenheiten zu Anschauungsunterricht durchaus boten: auf unseren Sonntagsspaziergängen, die uns zu den zahlreichen kleinen und größeren Schrebergärten oder zu den Siedlungen am Stadtrand führten. Wir Kinder trabten – mal mehr, mal weniger lustig – hinter den Eltern her, aber der Vater schien in seinem Element zu sein. Er blieb stehen, begutachtete Tulpen und Radieschen im Frühjahr, im Herbst Krautköpfe und Dahlien, sprach mit den Menschen, die den engen Wohnungen der tristen Arbeitervororte so gern entflohen, und fand im Gespräch den richtigen Ton, weil er es ehrlich meinte, Tüchtigkeit und praktischen Sinn ungemein schätzte. Bei Alltagsproblemen zupacken zu können, nötigte ihm beinahe mehr Achtung ab als geistige Arbeit.

Dauerhafte gesellschaftliche Kontakte knüpfte unsere Familie aber schließlich doch nur innerhalb jener Schicht, die wir heute „die oberen Zehntausend" nennen würden. Die Richter des Reichsgerichts gehörten ebenso dazu wie die Professoren der angesehenen Universität, die bedeutenden Musiker der Stadt, Verleger und reiche Kaufleute. Diesem „Bürgeradel" konnten sich meine Eltern eher kraft Amtes, weniger nur bedingt ihrer Herkunft nach, zugehörig fühlen. Aber beide waren von Natur gesellige Menschen, liebten gute Gespräche und waren aufmerksame Zuhörer. Ich selbst konnte als Zwölfjährige natürlich zunächst nur Zaungast sein. Verwundert erfuhr ich, daß es für den gesellschaftlichen Verkehr auf dieser Ebene eingespielte Regeln gab, die mir doch etwas umständlich erschienen. So machte man „Besuche" am Sonntagvormittag. „Hoffentlich geht's schnell!" höre ich noch die Eltern uns zum Abschied zurufen. Nun, schnell ging es, wenn sie nur ihre Visitenkarte abzugeben brauchten, die vom Hausmädchen – in den ganz feinen Häusern wohl auch von einem Diener – auf einem Silbertablett entgegengenommen wurden. Zu unserem Kummer waren die Besuchten nur allzuoft im Hause, empfingen die Eltern, und wir mußten mit unseren sonntäglichen Vergnügen auf sie warten. Erst nach solchem Eröffnungsritual kam es dann zu gegenseitigen Abendeinladungen im festlichen Rahmen. Sicher verborgen hinter dem Dielengeländer, spähten wir jüngeren Geschwister neugierig hinunter und beobachteten den Einzug der Gäste. In angeregter Stimmung traten sie in den Salon, die Damen in langen, eleganten Kleidern, die Herren in feierlichem Schwarz, während uns meine Mutter noch schnell einen verstohlenen Gruß zuwarf, bevor auch sie im Kreis der festlich Versammelten verschwand.

In der Rückschau verändert sich manche Proportion. Was uns Kindern groß und imposant erschien, tritt mir, der erwachsenen Frau, in merklich verkleinertem Maßstab vor Augen. Schließlich hat der weitere Gang der Ereignisse uns Skepsis gelehrt. Dennoch konnten auch in dieser exklusiv-förmlichen Atmosphäre Freundschaften gedeihen, die für ein Leben reichten und sich in der Not bewährt haben. Da ich nicht alle nennen kann, sei stellvertretend dreier Freunde gedacht: des Intendanten Hans Schüler, des Verlegers Gotthold Müller und des Professors der Philosophie Theodor Litt, der nach seiner Zwangsemeritierung 1936 bei uns „Privatvorlesungen" hielt und den Kontakt nicht scheute, als es gefährlich wurde. Sie alle haben uns auch nach dem Kriege beigestanden. –

Ganz ungetrübt war die Freude meiner Eltern am gesellschaftlichen Glanz schon in den ersten Leipziger Jahren durchaus nicht immer. So kann ich mich erinnern, daß meine Mutter von sehr aufwendigen Abendeinladungen mit recht gemischten Gefühlen nach Hause kam. Silberne Platz-Teller, weiß behandschuhte Lohndiener, Kaviar als Vorspeise hatten zwar einen glänzenden Rahmen abgegeben – aber sie ließen am nächsten Morgen die etwas bedrückte Frage aufkommen, wie man sich bei diesen Gastgebern überhaupt angemessen „revanchieren" könne. Auch in bezug auf ihre Garderobe und den Schmuck konnte meine Mutter selbstverständlich nicht mit allen Damen der Leipziger Gesellschaft mithalten. Mir, der heranwachsenden Tochter, hat sie eingestanden, daß sie darüber nicht immer glücklich war. Wenn ihr aber mein Vater versicherte, daß er sie gerade so, wie sie war, wunderschön fände und stolz auf sie sei, verging dieser kleine Unmut schnell. Und wirklich, innerhalb der Damenwelt konnte meine Mutter mit ihrer lebhaften Intelligenz, ihrer Bildung und Musikalität durchaus bestehen, auch wenn sie keine „elegante Erscheinung" war. Was aber die Gegeneinladungen betraf, verstand sie, mit Einfallsreichtum und Natürlichkeit die „Defizite" gut auszugleichen. Sehr genau überlegte sie, welche Ehepaare zusammen eingeladen werden sollten, um die stark voneinander abgesonderten Zirkel der Leipziger Gesellschaft miteinander ins Gespräch zu bringen. Sie selbst sorgte für den Blumenschmuck und war dabei meist origineller als die renommierten Blumengeschäfte, bei denen üblicherweise die Tischdekoration in Auftrag gegeben wurde. Ostpreußische Spezialitäten verliehen den Menüs auch für sächsische Gourmets das Exklusive.

Geistige Genüsse zu teilen bereitete hingegen keinerlei Sorge. Auch eine knappe Skizze des gesellschaftlichen Lebens unserer Leipziger Jahre wäre zu fragmentarisch, wollte ich das reiche Kulturleben nicht wenigstens erwähnen. Die Theater- und Opernpremieren, der Kantatenzyklus und die großen Passionen in der Thomaskirche, der Wirkungsstätte Bachs, waren gesellschaftliche Ereignisse, eine Synthese des Öffentlichen mit dem Privaten. Begegneten sich in Marienwerder und Schneidemühl die „Dazugehörigen" noch wie selbstverständlich in den Privathäusern, traf man sich in Leipzig im Foyer des Gewandhauses. Dort war der Treffpunkt für alle, die Rang und Namen hatten. Zum Kunstgenuß trat die Freude an der Selbstdarstellung: man wollte teilhaben und wohl auch gesehen werden. Im Theater ging es etwas zwangloser zu, aber auch hier hatte manche Familie ihre festen Plätze, und für den Oberbürgermeister war eine ständige Loge reserviert.

Das Repertoire war in beiden Häusern – im Alten Theater am Fleischerplatz und im Neuen Theater am Augustusplatz, wo die Oper spielte – sehr vielfältig. Mozart, Wagner, Richard Strauß und Verdi dominierten auf dem Opernprogramm, das eher auf Traditionspflege angelegt war; auf dem Theaterzettel hingegen stand neben Klassik auch Moderne. Daß Avantgarde in Leipzig auch eine Chance hatte, kann meine Schwester Benigna bezeugen, in deren schwiegerelterlichem Haus zeitgenössische Kunst und Literatur sehr geschätzt wurde.

Unsere Eltern bevorzugten dagegen das Bewährte und Anerkannte; auch für sie waren Kunst und Repräsentation miteinander verbunden. Wir Kinder waren da unbeschwerter: wir interessierten uns nur für das spannende Spiel, verfolgten die dramatischen Gesten der Akteure, und meine Mutter hatte ihre Freude daran, uns in die ‚Welt des Schönen' einzuführen. Mag man lächeln über die „Schauseite" öffentlicher Kulturpflege – in einer überaus arbeits- und sorgenreichen Zeit waren die Familienlogen ein kostbares Refugium der Entspannung. Wenn unser Vater, mit der Zeitnot kämpfend wie stets, zu uns in die Loge kam, waren oft die Lichter schon erloschen – und wir vom Zauber gefangen. –

So sehr meine Eltern Kultur und Geselligkeit schätzten, so wenig elitär war ihre Einstellung. In Leipzig war es üblich, daß die Kinder der „Oberschicht" eine private Vorschule, die Mädchen im Anschluß daran ein privates Gymnasium besuchten. Ganz feine Leute schickten ihre Töchter in ein Schweizer Internat. Diesem Muster versagte sich mein Vater vollständig.

Wir, als Kinder des Oberbürgermeisters, sollten eine öffentliche Schule besuchen und von vornherein mit Altersgenossen aus allen Bevölkerungsschichten zusammenkommen. Ulrich legte noch in Königsberg das Abitur ab, Christian besuchte nach dem Umzug die Thomas-Schule, ein öffentliches humanistisches Gymnasium. Mein jüngerer Bruder Reinhard dagegen kam zunächst auf die Volksschule in Leipzig-Leutzsch; ich selbst wurde bei der Max-Klinger-Schule, einem modernen Oberreal-Gymnasium, angemeldet. Hier blieb ich bis zum Beginn der Oberstufe die einzige Akademiker-Tochter. Mein Vater fand das „sehr gesund"; und tatsächlich habe ich auf dieser Schule gelernt, einen Menschen weniger nach seinem gewandten Auftreten als nach seiner persönlichen Tüchtigkeit und Leistung zu beurteilen.

Ob mein Vater damals verstanden hat, daß meine Schule ein besonderes pädagogisches Programm hatte? Bekannte Pädagogen wie Gaudig hatten in den zwanziger Jahren damit begonnen, die Schule zu reformieren. Leipzig hatte auf diesem Sektor eine Pionierrolle übernommen. Ich hatte das Glück, eine Schule zu besuchen, an der die alten Paukmethoden abgeschafft und die Schüler zu selbständigem Denken ermuntert wurden. Im Rückblick halte ich es für denkbar, daß mein Vater diese positiven Entwicklungen kaum wahrgenommen hat. Jedenfalls äußert er, der seinen eigenen Kindern tatsächlich mit glücklicher Hand viel Freiheit und Entwicklungsmöglichkeiten eingeräumt hat, in seinen Schriften merkwürdig überholte pädagogische Vorstellungen. Oder stoßen wir hier nur auf einen für ihn typischen Zug: die Diskrepanz zwischen fortschrittlichem Handeln und traditionsgebundener Theorie?

Hätte mein Vater immer so entschieden, wie er es nach seinen ursprünglichen Ansichten eigentlich hätte tun müssen, so wäre mein Leben ganz anders verlaufen. So sehr mein Vater nämlich die Klugheit seiner Frau wie seiner Mutter bewunderte, gegen eine ausgesprochen intellektuelle, emanzipierte Frau hatte er Vorbehalte! Unbeeindruckt vom Wandel der Zeit bestand er auf der „klassischen" Rolle der Frau, Seele und geistiger Mittelpunkt der Familie zu sein. Als ich nach Abschluß der Schule den Wunsch äußerte, Geschichte oder Mathematik zu studieren, mochte er seine Zustimmung nicht ohne Zögern geben. Ob ich etwa später einem Mann, der eine Familie zu ernähren habe, den Arbeitsplatz wegnehmen wolle? Er machte das Eindringen der Frauen in qualifizierte Berufe für hohe Akademiker-Arbeitslosigkeit verantwortlich. Meine Mutter dagegen sah in meinem Ziel eigene Wünsche verwirklicht und unterstützte mich. Sie beruhigte ihren Mann mit der nüchternen Feststellung, daß die Frage einer Berufstätigkeit ja noch gar nicht zur Diskussion stünde. Und damit war das Problem aus der Welt! Nur eine kleine Vorbedingung mußte ich erfüllen: vor dem Studium sollte ich wenigstens noch „etwas Praktisches" lernen. Und das war für meinen Vater nun doch nicht Kochen und Nähen, sondern – Stenographie und Schreibmaschine!

Später hat er mein Studium der Geschichte mit liebevollem Verständnis und gutem Rat begleitet. Als es 1938 hieß, die Mitgliedschaft im NS-Studentenbund sei Voraussetzung für das Staatsexamen, war ich zuerst in großer Verlegenheit, was zu tun sei, denn in eine NS-Organisation wollte ich nicht eintreten. Da war es mein Vater, der einen Ausweg wußte. Er riet mir zur Promotion; sie unterlag noch keiner staatlichen Aufsicht. 1943 wurde dann eben diese Promotion nach alter

Sitte gefeiert; meine Eltern luden meine Professoren zu einem richtigen kleinen Doktorschmaus ein, und der Vater war stolz auf seine „studierte Tochter".

Der endgültige Abschluß meines Studiums verbindet sich mit einem anderen Bild, fast einem Abschiedsbild, das mich seither immer wieder zurückdenken läßt. Es war im Frühjahr 1944. Ich war nun doch – auch ohne NS-Mitgliedschaft, so unberechenbar war das System – zum Staatsexamen zugelassen. Im Februar stand meine letzte mündliche Prüfung an. Der Vater, in höchster Anspannung und tiefer Sorge, ob es jetzt in der katastrophalen Kriegssituation endlich zum Sturz Hitlers kommen würde, hielt sich an den Wochentagen meist in Berlin oder Stuttgart auf. – Während ich auf dem Flur des Historischen Seminars auf meinen Professor wartete, erblickte ich unten auf der gegenüberliegenden Straßenseite meine Eltern. Sie gingen auf und ab – meine Mutter hatte sich bei meinem Vater, wie gewohnt, untergehakt – und wollten mich abholen; mein Vater mit einem kleinen Blumenstrauß in der Hand. Er war nur meinetwegen in Leipzig geblieben. –

Ab 1930 war das „Neue Rathaus" in Leipzig der Amtssitz meines Vaters. Es hatte das „Alte Rathaus" um die Jahrhundertwende abgelöst; dessen zierlicher Renaissance-Bau war zu klein geworden für die seit dem 19. Jahrhundert erheblich angewachsene Stadtverwaltung. Nach schweren Kriegsschäden stilgerecht wieder aufgebaut, gehört das Alte Rathaus heute zu den schönsten historischen Bauten der Messestadt; es ist der Blickfang am „Alten Markt", diesem harmonischen Rechteck, und Mittelpunkt des alten Stadtkerns.

Das Neue Rathaus dagegen liegt am Rande der Innenstadt und ist unbeschädigt durch den Krieg gekommen. 1899–1905 gebaut, repräsentiert es den Aufstieg Leipzigs zur Großstadt. Mit seinen über 800 Räumen, die auf mehrere Gebäudeteile im Neo-Renaissance-Stil verteilt sind, und dem mächtigen, über 100 Meter hohen Turm in der Mitte gleicht es eher einer herrscherlichen Burg als einem nüchternen Verwaltungsgebäude. Die manchmal noch gebräuchliche Bezeichnung „Die

Pleißenburg" ist nicht zufällig. Leipziger Bürgerstolz hat sich bewußt den Standort dieser ehemaligen Burg zur eigenen Selbstdarstellung gewählt.

Als mein Vater mit 46 Jahren sein Amt als Oberbürgermeister übernahm, waren die Zeiten des ‚Bürgerstolzes' allerdings vergangen. Kurz zuvor, im Oktober 1929, hatte der New Yorker Börsenkrach die Weltöffentlichkeit aufgeschreckt. Die erste Krisenwelle erreichte die europäischen Länder bereits im Winter 1929/30, sie traf im Deutschen Reich auf ein Land, das sich nur mühsam von den Kriegslasten erholte und hohe Reparationsleistungen zu tragen hatte. Innerhalb von zwei Monaten verdoppelte sich die Arbeitslosenzahl, im Februar belief sie sich bereits auf 3,5 Millionen. Und mit den Arbeitslosenziffern wuchsen die Mandate der radikalen Parteien; die NSDAP konnte 1930 die Zahl ihrer Sitze im Reichstag verneunfachen! So war die Amtszeit meines Vater in Leipzig von Anfang an von der Weltwirtschaftskrise überschattet.

Dabei erwarteten ihn an seinem neuen Amtssitz sowieso schwierige Aufgaben. Die zunehmende Verstädterung hatte viele Probleme aufgeworfen, die in Leipzig bisher erst unzulänglich gelöst worden waren. Zum Beispiel war erst ein kleiner Teil der Stadt kanalisiert. Die gesamte Entsorgung mußte modernisiert, die Stadtentwässerung ausgebaut werden. Ein dringlicher Punkt war der Wohnungsbau; man brauchte ausreichenden Wohnraum nicht nur für kinderreiche Familien, auch die aus ländlichen Bereichen in die Stadt drängende Bevölkerung mußte in der Stadt „beheimatet" werden. Die Förderung der Stadtrandsiedlung wurde zu einem Lieblingskind meines Vaters; Naturnähe – „wenigstens ein kleiner Garten" – sollte einer Entwurzelung vorbeugen.

Gegen die Anonymität der Beziehungen wandte er sich auch auf seinem eigenen Gebiet, der Verwaltung. Seine ersten großen Denkschriften fordern größere Bürgernähe der Sozialfürsorge. Er selbst entwickelte einen besonderen Stil der persönlichen Erkundigung und Teilnahme, von dem wir Kinder eine Ahnung bekamen, wenn wir beobachteten, wie der Vater auf unseren Spaziergängen mit den Menschen über ihre Nöte ins Gespräch kam. Diese Zuwendung trug ihm die Sympathie der Bürger ein; noch zwei Jahre nach seinem Ausscheiden aus dem Amt galt er vielen als das heimliche Stadtoberhaupt. Als Besucher damals einem Taxifahrer unsere Adresse angaben, sagte er: „Ach, Sie wollen wohl zu unserem OB! Der ist nämlich noch immer ‚unser Bürgermeister‘.“

Auch zu seinen Mitarbeitern entspann sich ein sehr enges Verhältnis. Wie einer von ihnen nach dem Krieg in einem Interview erklärte, habe sich der Oberbürgermeister jederzeit vor seine Beamten gestellt und ihre Handlungen gedeckt, soweit er es mit sachlicher Einsicht und seinem Gewissen vereinbaren konnte. Auch als nach 1933 sein eigener Entscheidungsspielraum schon etwas eingeschränkt war, habe er niemals einen ihm unterstellten Beamten fallengelassen. Im Zuge der Gleichschaltung beanspruchte die NSDAP 1934 zum Beispiel das Amt des Personaldezernenten für einen Parteigenossen. Der bisherige Amtsinhaber, ein Mitglied der damals schon verbotenen DDP, sollte entlassen werden. Aber mein Vater setzte sich entschlossen zur Wehr, verteidigte den Beamten gegen den Vorwurf der Unzuverlässigkeit und wollte lediglich gelten lassen, Herr B. sei für „eine nationalsozialistische Personalpolitik“ nicht der richtige Mann. Dann betraute er ihn mit einem anderen Ressort. –

Leider wissen wir über die politischen Schwierigkeiten dieser Zeit noch zu wenig, da der Forschung der Zugang zum Aktenmaterial des Leipziger Stadt-Archivs bisher verwehrt worden ist. Eine zusammenfassende Arbeit über Goerdeler als Kommunalpolitiker liegt deshalb auch noch nicht vor. Bruchstückhaft läßt sich sein Wirken gleichwohl rekonstruieren:

Zu den Rahmenbedingungen kommunaler Politik gehörte in den dreißiger Jahren die enorme Finanznot. Steigende Sozialausgaben bei rückläufigem Steueraufkommen belasteten die städtischen Haushaltspläne. Das Brüningsche Notprogramm legte den Gemeinden starke Fesseln an. So lag es nahe, anfallende Investitionen durch Kreditaufnahme zu finanzieren. Aber mein Vater lehnte diesen Weg, der von vielen Kommunen beschritten wurde, kategorisch ab. „Mut zur Sparsamkeit" wurde zu seiner ersten Devise. Politische wie wirtschaftliche Gründe waren es, die ihn immer wieder auf eine Sanierung der öffentlichen Etats drängen ließen. Zum einen ging es ihm darum, nach der Inflation das Vertrauen der Bevölkerung in die Verwaltung wiederherzustellen und damit auch das Ansehen des Staates zu verbessern. Zum anderen war er überzeugt, daß nur eine Deflationspolitik aus der Wirtschaftskrise herausführen könne. Daß man nur ausgeben könne, was man vorher verdient und erarbeitet hätte, – dies Prinzip war ihm unabänderliches Naturgesetz. Mehr Arbeitsplätze aber ließen sich nur schaffen, wenn man das Lohn-Preis-Gefüge absenke und auch die Steuern reduziere. An diese Grundsätze hielt er sich in seiner praktischen Arbeit als Oberbürgermeister: Stolz wies er in seiner Abschiedsrede 1937 darauf hin, daß es ihm durch eiserne Sparsamkeit gelungen sei, die Schuldenlast der Stadt zu vermindern und in siebenjähriger Tätigkeit die zerrütteten Finanzen Leipzigs in Ordnung zu bringen. Die Richtigkeit seiner Anschauungen suchte er aber auch theoretisch darzulegen; seine zahlreichen Aufsätze trugen ihm den Ruf ein, Experte auf dem Gebiet der öffentlichen Finanzpolitik zu sein und brachten ihn in Verbindung mit einem Mann, der ähnliche Vorstellungen hatte: mit Heinrich Brüning.

Fast zur selben Zeit wie mein Vater, im März 1930, hatte Reichskanzler Brüning sein neues Amt angetreten: er war vom Reichspräsidenten mit der Bildung eines Kabinetts ohne feste Bindung an die Reichstagsfraktionen beauftragt worden. Denn auf der Ebene des Reichs hatte sich die Weltwirtschaftskrise politisch noch viel einschneidender ausgewirkt als in den Kommunen: sie hatte zu einer Krise des parlamentarischen Systems geführt. Nachdem die große Koalition über der Frage der Arbeitslosigkeit zerbrochen war, entschied sich Hindenburg für einen Wirtschafts- und Finanzexperten, der gegebenenfalls mit Notverordnungen die Sanierung der Wirtschaft durchsetzen sollte: die Zeit der Präsidial-kabinette begann.

Brüning wollte die Produktivität der Wirtschaft und die Exportfähigkeit Deutschlands durch gezielte Deflationspolitik erhöhen. Aber sein Sparkurs war sehr unpopulär – so wurden die Beamtengehälter 1931 dreimal um insgesamt 32 Prozent gekürzt –, und er verlor den Wettlauf gegen die Zeit! Hatte es anfangs noch so geschienen, als ob sich die Lage wieder stabilisiere, so machte die dritte Welle der Weltwirtschaftskrise, die Deutschland im Mai 1931 erfaßte, alle Hoffnungen wieder zunichte. Die Zahl der Arbeitslosen stieg beständig, und die politische Radikalisierung erreichte ein bedenkliches Ausmaß. NSDAP und KPD hatten seit den Septemberwahlen 1930 zusammen fast ein Drittel der Reichstagsmandate. Noch entschlossenere Maßnahmen wurden also nötig. Nachdem Brüning im Dezember 1931 per Notverordnung eine zehnprozentige Preissenkung angeordnet hatte, suchte er nach einem Preiskommissar, der vertrauenswürdig und energisch genug war, den Widerstand der Wirtschaft gegen diesen Schritt zu überwinden und für die Durchsetzung zu sorgen. Seine Wahl fiel auf Carl Goerdeler. Mein Vater zögerte, denn so weitgehende staatliche Eingriffe in das „freie Spiel der Kräfte" widersprachen seinen liberalen Grundanschauungen. Aber der Reichspräsident appellierte an sein Verantwortungsgefühl und überzeugte ihn, daß die politischen Gesichtspunkte Vorrang erhalten müßten. Die Entscheidung meines Vaters für Brüning war zugleich eine Entscheidung gegen die Deutschnationalen und ihren Vorsitzenden Hugenberg. Als Hugenberg an seiner Opposition gegen „das schwarz-rote System" festhielt, trennte sich mein Vater offiziell von ihm und trat aus der DNVP aus. (Formal wurde er nicht zum Preiskommissar, sondern zum „Persönlichen Berater des Reichspräsidenten" ernannt.)

Mein Vater führte seine Aufgabe neben- und ehrenamtlich aus und mußte seine Arbeitskraft zwischen Leipzig und Berlin teilen. Wir Kinder bekamen ihn nun monatelang kaum zu

Gesicht. Aber trotz aller Beanspruchung muß die Tätigkeit sehr anregend gewesen sein. Er konnte in dieser Zeit zahlreiche Verbindungen zur Berliner Ministerialbürokratie knüpfen – Beziehungen, die später im Widerstandskampf sehr wertvoll für ihn werden sollten. Seine eigentliche Aufgabe hatte er bis zum Frühjahr 1932 erfolgreich abgeschlossen, aber als Berater des Reichspräsidenten hatte er sich in die gesamte wirtschaftliche und verfassungsrechtliche Problematik des Reichs eingearbeitet und Reformvorschläge konzipiert. Seit Februar 1932 wurde er immer häufiger zu den Kabinettssitzungen hinzugezogen. Er selbst hatte das Gefühl, sich dem Höhepunkt seiner Wirkungsmöglichkeiten zu nähern und täuschte sich darin nicht. Denn Brüning berichtet in seinen Memoiren, daß er Goerdeler für den Fall seines Sturzes als Nachfolger eingearbeitet habe.

Mein Vater schätzte Brüning außerordentlich, nicht zuletzt, weil er persönlich so glaubwürdig war. Die beiden Männer konnten sich ideal ergänzen, so sehr sie sich auch im Temperament unterschieden: Brüning – Katholik aus Westfalen, eher nach innen gewandt, mißtrauisch fast bis zur Menschenscheu; Goerdeler – Protestant aus Ostpreußen, ein den Menschen zugewandter Optimist, an die Durchsetzungskraft des Guten fast bis zur Naivität glaubend. Einig waren sie sich in ihrem Widerwillen gegen jede Korruption, einig auch in ihrem Bestreben, den Bestand des Staates in einer Krisenzeit zu sichern. Daß man in Notsituationen einer Regierung außerordentliche Vollmachten einräumen könne, hielten die beiden für gerechtfertigt. Aber beiden Männern war auch die Unterscheidung zwischen einem autoritären Staat und einer Diktatur ganz selbstverständlich. Institutionen allein konnten die Freiheit nicht sichern, glaubte mein Vater; in wessen Händen die Macht lag, war mindestens so entscheidend.

Brünings Memoiren und Briefe lassen erkennen, wie die ursprünglich sachliche Beziehung der beiden Politiker auch zur persönlichen Anteilnahme am politischen Schicksal des anderen wird. Nach dem Krieg (1952) wird Brüning am Todestag meines Vaters meine Mutter besuchen, um mit ihr, die ganz zurückgezogen in Heidelberg lebt, „des Freundes zu gedenken".

Damals, 1932, hat es meinen Vater tief getroffen, daß Brüning im Berliner Intrigenspiel den kürzeren zog und sich gezwungen sah, Ende Mai seinen Rücktritt einzureichen. Er war nicht nur menschlich enttäuscht und empört; er erkannte in Brünings Sturz auch die große politische Gefahr.

Wie er über die Lage dachte, dokumentiert ein Gespräch, das Dr. Fred Grubel überliefert hat, heute Leiter des Leo-Baeck-Instituts in New York, damals Gerichtsreferendar bei Justizrat Duncker, später Sekretär der Jüdischen Gemeinde von Leipzig:

„Ich erinnere mich an eine gemeinsame Eisenbahnfahrt nach Berlin im Sommer 1932. Das Gesprächsthema war natürlich die Politik der Zeit. Zum großen Erstaunen von Justizrat Duncker und mir und von uns und Ihrem Vater völlig unbekannten Mitfahrern setzte Dr. Goerdeler klar auseinander, daß Deutschland nur gerettet werden könnte, wenn die Reichsregierung die NSDAP auflöst und verbietet und Hitler und seine gesamte entourage endgültig hinter Schloß und Riegel bringt. Wir waren erstaunt, eine solch radikale Meinung von dem politisch rechts stehenden Oberbürgermeister zu hören und dazu noch in publico."

An eine Auflösung der NSDAP war unter Brünings Nachfolgern nicht zu denken; v. Papen fand sich sogar bereit, das bestehende SA-Verbot wieder aufzuheben. Eine andere Möglichkeit schien „die Zähmung" der Nationalsozialisten durch Beteiligung an der Regierungsverantwortung. Dies hielt nunmehr auch mein Vater für richtig, wie seine Gefängnisaufzeichnungen zeigen.

„Schon nach dem Sturz Brünings mußte sofort die NSDAP vor die Entscheidung gestellt werden, nunmehr die Verantwortung mit zu übernehmen oder nicht mehr zu einer neuen Wahl zu kommen",

kommentiert mein Vater die politische Situation von 1932 nachträglich. Aber die NSDAP war zu einer solchen Einbindung nicht bereit und verlangte Neuwahlen. Als v. Papen einwilligte, lehnte mein Vater den Eintritt in sein Kabinett ab. Sein Einfluß in Berlin verringerte sich infolgedessen rasch: er „kam aus dem Spiel", wurde nicht mehr zu Kabinettssitzungen herangezogen und im Dezember 1932 auch offiziell von seinen Aufgaben als Berater des Reichspräsidenten entbunden. Zu dem kleinen Kreis von „Eingeweihten", die bei der Ernennung Hitlers mitwirkten, hat er nicht gehört, wurde im Gegenteil von den Ereignissen überrascht.

Nachträglich hat mein Vater die Ablehnung eines Ministeramts unter v. Papens Kanzlerschaft bereut. Im Gefängnis machte er sich Vorwürfe, daß er die Chance versäumt habe, seine Sachkenntnis zur Überwindung der Wirtschaftskrise in die Waagschale zu werfen und damit den weiteren Aufstieg Hitlers abzustoppen. Sicher hat er damit seine Einflußmöglichkeiten überschätzt. Daß aber auch andere Politiker an seine Kraft geglaubt haben, zeigt der Rückblick Brünings. In einem Brief an Ewald Löser (einst Leipzigs Zweiter Bürgermeister) vom Dezember 1955 schreibt er:

„Trotzdem wäre es eine Rettung Deutschlands gewesen, wenn man meinem Vorschlag gefolgt wäre, Goerdeler zu meinem Nachfolger zu machen. Er war auch bei den Sozialdemokraten wegen seiner verständnisvollen Politik mit den Gewerkschaften hoch angesehen, ebenso beim Reichspräsidenten und beinahe allen übrigen politischen Parteien. Jedenfalls hätte er die Möglichkeit gehabt, so lange sich als Kanzler zu halten, bis daß die schon während meiner Amtszeit sich zeigenden Gegensätze bei der NSDAP sich voll ausgewirkt hätten. Sicherlich wäre er nicht ein Werkzeug Schleichers geworden."

Hier wird noch einmal deutlich, wie sehr mein Vater im Laufe der zwanziger Jahre über einen engen konservativen Standpunkt hinausgewachsen war. Er hat einen langen Weg zurückgelegt. 1919 hatte er aus der Mitarbeit an einem Staat aussteigen wollen, der die überkommene Monarchie nicht bewahrt hatte. Jetzt begegnet er den Vertretern der demokratischen Parteien mit Offenheit, stellt sich gegen die konservativen „Steigbügelhalter" und möchte die Weimarer Republik vor dem Zugriff der Diktatur in Sicherheit bringen.

In einem Brief vom 29. Januar 1933 an seinen ältesten Sohn Ulrich zieht mein Vater eine Bilanz der Berliner Intrigen und wendet sich der eigentlichen Gefährdung des Staates zu:

„In Berlin ist der Pfeil auf den Schützen zurückgeflogen. Die Hauptsache ist nun, den Intrigen ein Ende zu machen, allen Parteiführern bis zur SPD die Chance zu geben, eine parlamentarisch gesicherte Regierung zu bilden, und, wenn sie das nicht vermögen, durchzugreifen mit einer breit zusammengesetzten Regierung. Hoffentlich gelingt es, die Verantwortlichen dazu zu bringen."

Einbruch des Nationalsozialismus –
Herausforderungen und Entscheidungen

Am Abend des 30. Januar 1933 warteten wir vergeblich auf unseren Vater: er harrte im Rathaus aus, um persönlich das Eindringen der SA zu verhindern. Denn die Nationalsozialisten sahen in der Ernennung Hitlers zum Reichskanzler keine normale Amtsübertragung im Rahmen der Verfassung, sondern eine „Machtergreifung", und sie wollten ihren Anspruch sogleich unübersehbar manifestieren. ‚Die Hakenkreuzfahne gehört aufs Rathaus', war ihre Devise, und die SA schickte ihre Trupps aus, um sie auf den wichtigsten öffentlichen Gebäuden zu hissen. Da der Symbolcharakter der Aktion unübersehbar war, führte der Flaggenstreit in vielen Städten zu heftigen Zusammenstößen. Manchmal leisteten Mitglieder der KPD oder des Reichsbanners entschiedene Gegenwehr; in Leipzig mußte die Polizei eingesetzt werden.

Trotz dieses Paukenschlages waren die Nationalsozialisten im Frühjahr 1933 bekanntlich noch weit von ihrem Ziel entfernt: die „Machtergreifung" vollzog sich in mehreren Etappen und mußte in vielen kleinen Schritten erst durchgesetzt werden. Die Situation mag den Zeitgenossen zunächst offener erschienen sein als uns, die wir das Ende der Entwicklung schon kennen. In Leipzig z. B. wurden die Versammlungen der Stadtverordneten weiterhin in gewohnter Weise abgehalten. Die demokratischen Parteien, insbesondere die SPD, waren auch nach den Märzwahlen noch vertreten und scheuten sich nicht, die NSDAP zu kritisieren und eigene Vorschläge einzubringen. Stadtverordnete, die zum Rücktritt gedrängt wurden, weigerten sich, das Feld zu räumen. „Auf den Posten zu bleiben", bot vielleicht eine Chance, den Staat gegen die Partei und das weitere Vordringen des Nationalsozialismus zu verteidigen. Diese Überzeugung hat auch mein Vater geteilt.

„Auf dem Posten zu bleiben" erschien auch noch aus einem zweiten Grunde sinnvoll. Mutiges und entschlossenes Handeln war durchaus nicht erfolglos. Übergriffe der Partei oder der SA konnten wenigstens punktuell verhindert oder in ihren Folgen gemildert werden. Beispiele enthalten zwei Briefe, die unsere Familie nach dem Kriege erreichten. Die Absender gehörten zum Kreise jüdischer Bürger, die unter den Ausschreitungen des Jahres 1933 besonders zu leiden hatten. Hermann Scharfir, Buenos Aires, berichtet:

„Gleich zu Anfang 1933 wurde ich von der SA verhaftet und in die Volkszeitung geschleppt, welche von der SA Hamburg besetzt war. Kommunisten und Juden wurden geschlagen. Erst am 3. Tag kam der Oberbürgermeister Dr. Goerdeler mit 4 Polizisten und holte uns heraus. Ich wurde auf die Polizeiwache gebracht und mußte ein Protokoll unterschreiben ... Der Polizeiwachtmeister empfahl mir, Leipzig für einige Zeit zu verlassen. Ich war 4 Wochen in Halle versteckt. Aber Dr. Goerdeler hat mir das Leben gerettet."

Henry Rosedale, Minusio, schreibt:

„Ihr verehrter Vater war Oberbürgermeister der Stadt Leipzig zu meinen Zeiten, und soviel ich mich erinnern kann, kam Ihr Herr Vater einen Tag nach dem Juden-Boykott im schwarzen Anzug, vielleicht auch Gehrock (es ist nun zu lange für meine Erinnerungen) mit Zylinder auf den Leipziger Bruehl und besuchte einige jüdische Rauchwaren(Pelzgroßhändler)-Geschäfte, um damit seinen Abscheu auszudrücken. Ich weiß nicht, ob Ihnen dies bekannt ist."

Vergegenwärtigt man sich solche Erlebnisse, versteht man, daß das Verbleiben im Amt keine leichte Entscheidung war. Oft genug muß sie von dem Gefühl begleitet gewesen sein, „auf verlorenem Posten" zu stehen. Denn es gelang den Nationalsozialisten im Laufe des Jahres doch, die Kontrolle des öffentlichen Lebens und die Gleichschaltung voranzutreiben, ohne daß ein einzelner viel dagegen hätte ausrichten können. Auch mein Vater konnte etwa die „Säuberungsaktionen" in seinem Umfeld nicht verhindern. Die Mitglieder der demokratischen Parteien wurden allmählich doch eingeschüchtert und trotz ihrer Gegenwehr aus dem Stadtverordnetenkollegium hinausgedrängt. Überzeugte Parteimitglieder rückten nach. Seinem Personalreferenten konnte mein Vater zwar eine andere Stellung im Rathaus vermitteln, aber auf seinem Posten halten konnte auch er ihn nicht. Nicht anders war es, wenn es um die Verteidigung der Meinungsfreiheit ging. Die folgende Szene, die Dr. Somary, ein bekannter Schweizer Finanzsachverständiger, in seinen „Lebenserinnerungen" beschreibt, gibt einen Eindruck vom politischen Klima, aber auch von der Stimmung meines Vaters im Frühjahr 1933:

„Am 14. März 1933 hielt ich auf Einladung des Verbands Sächsischer Industrieller einen Vortrag in Leipzig. Das Thema war mir freigestellt worden, der Vortrag sollte am Radio weitergegeben werden. Ich wählte mit Absicht das heikle Thema des Verhältnisses zwischen Staat und Individuum ..." An einer kritischen Stelle „kam ein Mann zur Rednertribüne, der mir nachher als nationalsozialistischer Kommissar bezeichnet wurde, und trug die zur Radioübertragung bestimmten Instrumente unter Protest der Anwesenden weg. Mit besonderer Schärfe – aber gleichzeitig ergebnislos – wandte sich während der Unterbrechung der Rede der Bürgermeister von Leipzig, Dr. Goerdeler, gegen den Kommissar. Ich sprach dann ohne Störung weiter ..."

Als mein Vater den Referenten abends im Wagen zum Bahnhof bringen wollte, versuchte der Kommissar, sich gleichfalls in das Auto zu drängen.

„Aber Goerdeler stieß ihn mit dem Ellbogen vom Trittbrett herunter, schlug die Wagentür zu und befal dem Chauffeur, zum Bahnhof zu fahren. ‚Sie haben heute gesehen, wie weit es mit uns gekommen ist' ... Mein Vortrag habe ihm wohlgetan, er habe die Leute aufgerüttelt. Aber er selbst stünde allein da. Zu niemandem in der gegenwärtigen Regierung habe er Vertrauen, weder zu Papen noch zu Hugenberg; aber er lasse sich nicht entmutigen – Deutschland dürfe nicht Verbrechern in die Hände fallen."

Gegnerschaft zum Nationalsozialismus von Anfang an – oder ein langsamer Prozeß der Distanzierung? Die ableh-

nende Haltung meines Vaters wird nicht nur von Somary ge-
schildert, der sich in diesem Punkt gegen Ritter ausspricht.
Ich selbst kann mich noch genau erinnern, wie deutlich mein
Vater die Gefahr sah, die mit dem NS heraufzog – als mein
Onkel Fritz aus dem Amt gedrängt wurde, weil er der Partei
nicht beitreten wollte. Aber ich weiß auch, daß Skepsis und
Sorge immer wieder von Hoffnungen abgelöst wurden.
Denn es gab im Wesen meines Vaters neben Wachsamkeit
und nüchternem Einschätzungsvermögen noch eine zweite
Seite, die sein politisches Handeln beeinflußte: Vertrauen in
die Kraft der menschlichen Vernunft und sein Glaube an die
„Möglichkeit des Guten“. Er selbst weist auf diese Hoffnung
hin, als er 1938 seinem späteren Vertrauten und Mitwisser
Franz Böhm erklärt, er habe mit der Möglichkeit gerechnet,

„... daß sich die zur Regierung gelangten Nationalsozialisten unter
dem Druck der zu lösenden innen- und außenpolitischen Sachaufga-
ben zu einer konstruktiven Politik bereitfanden. Er habe sich dabei
von seinen Erfahrungen im November 1918 leiten lassen ... Die An-
nahme, daß die Konfrontation der neuen Männer und Gruppen mit
den praktischen Problemen der Politik zur Versachlichung und Ra-
tionalität des politischen Verhaltens und zur Heranziehung sach-
kundiger Berater führen werde, sei damals richtig gewesen. Auch im
Januar 1933 sei es nicht abwegig gewesen, einen solchen Versuch zu
machen.“

   Hier werden die Stärken, aber auch die Grenzen im politischen Denken meines Vaters sichtbar: für ihn war Politik
eben vor allem Lösung von Sachproblemen. Daher konnte er
auch den Nationalsozialismus zunächst für korrigierbar halten, und das gab ihm die Kraft, sich immer wieder einzusetzen. Aber es hat ihn anfangs auch zu einer Unterschätzung
des ideologischen Charakters der NS-Politik geführt. Daher
konnte er für „Maßlosigkeit“ halten, was Bestandteil eines
verbrecherischen Programms war. Gewalttätigkeiten gegenüber Andersdenkenden, Boykotte der jüdischen Geschäfte
mochten auch Übergriffe von Fanatikern sein, deren Einfluß
es zurückzudrängen galt. Auch die Verwischung der Grenzen zwischen Partei und Staat sah er wohl zunächst noch

nicht als wesentliches Merkmal des Regimes. Er glaubte vielmehr, daß man den Prozeß der Gleichschaltung mit den vereinten Kräften entschiedener Beamter noch aufhalten könne. Wenn es gelänge, den Staatsapparat intakt zu halten und den Einfluß der Partei zurückzudrängen, konnte man hoffen, Rechtsstaatlichkeit und geordnete Verwaltung zu erhalten oder wiederherzustellen. Daher sah er, bei aller Skepsis, ja, bei allem Abscheu, für sich noch eine Aufgabe: Es ging darum, den Staat vor der Partei zu schützen, die gemäßigten Kräfte zu stärken und die Regierung bei der Lösung der anstehenden Probleme zu unterstützen, damit sie zu einem dem Allgemeinwohl verpflichteten Kurs zurückfinden könne. So zog sich mein Vater auch aus der Reichspolitik nicht völlig zurück, sondern fungierte zeitweilig als Berater, Kritiker und Mahner der Regierung auf den Gebieten, auf denen er besonders sachverständig war.

Der erste Ansatz ergab sich im Bereich der Wirtschafts- und Finanzpolitik, wo es auch nach der „Machtergreifung" die größten Schwierigkeiten gab. Zwar gelang es dem Kabinett Hitler in erstaunlich rascher Zeit, die Arbeitslosenziffern zu senken – im öffentlichen Bewußtsein war dies ein großer Erfolg –, aber der Preis war eine hohe Verschuldung des Reiches. Denn ein wirtschaftlicher Aufschwung war zunächst nicht in Sicht; die Regierung hatte daher umfangreiche Kredite aufgenommen, um das Arbeitsbeschaffungsprogramm finanzieren zu können. Bei einer Fortsetzung dieser Politik war eine inflationistische Entwicklung sehr wahrscheinlich, was dem Ansehen des Regimes sehr geschadet hätte – allzu lebendig war noch die Erinnerung an die große Inflation von 1923. Steigende Preise hätten auch die Exportfähigkeit der deutschen Wirtschaft beeinträchtigt und den chronischen Devisenmangel noch verschärft. Diese Lage war für eine rohstoffarme Nation, die unter den Importbeschränkungen anderer Länder ohnehin zu leiden hatte, verhängnisvoll. Die Regierung mußte also handeln und bat verschiedene Sachverständige um ein Gutachten; auch mein Vater wurde um eine Stellungnahme gebeten.

Goerdeler hatte die Finanzpolitik von Anfang an sehr kritisch betrachtet. Schon im April 1933 hatte er ironisch vermerkt: „Der Geist von Potsdam! Er will nicht nur angerufen sein, er muß auch lebendig werden." Und er hatte den Großen Kurfürsten als Muster der Sparsamkeit hingestellt. In seinem Gutachten an den „Reichskanzler Adolf Hitler", das im Sommer 1934 angefordert wurde, prangerte er die Verschwendung öffentlicher Mittel an. Er forderte eine allgemeine Senkung der Ausgaben und zugleich eine Vereinfachung und Verbilligung der Verwaltung. Seine Vorschläge gingen aber jetzt über den Maßnahmenkatalog der Brüning-Ära weit hinaus, weil die Autarkiebestrebungen des Nationalsozialismus ihm in eine völlig falsche Richtung zu weisen schienen. Seinem liberalen Ansatz entsprechend, wies er nach, daß sie ökonomisch sinnlos seien. Aber er stellte auch sehr deutlich die politische Gefahr der Autarkiepolitik heraus: die Loslösung vom Weltmarkt führe zu Wirtschaftskriegen, und sie könnten jederzeit in militärische Auseinandersetzungen übergehen. Wir stoßen hier auf einen Ansatz, der meinen Vater zu grundsätzlicher Kritik am Nationalsozialismus vorstoßen läßt: Wirtschaftspolitik ist Friedenspolitik. Er wird diesen Gedanken auch in der Folgezeit in zahlreichen Gutachten und Vorträgen immer wieder vertreten.

In seinem Gutachten vom Spätsommer 1934 nutzte er zugleich die Gelegenheit zur Kritik an den besonders verabscheuungswürdigen Vorgängen auf innenpolitischem Gebiet. Friedliche außenwirtschaftliche Beziehungen setzten vertrauenswürdige, dem Recht verpflichtete Partner voraus. Daher wies er mahnend auf die Rassen- und die Kirchenpolitik hin, auf die Einschränkung der Meinungsfreiheit und das Vordringen der Partei in alle Bereiche des öffentlichen Lebens.

In Gesprächen zu Hause zweifelte mein Vater daran, daß er nach diesen offenen Worten in Zukunft noch als Sachverständiger herangezogen würde. Deswegen stufte er als „Lichtblick" ein, daß er dennoch im November 1934 mit dem Preiskommissariat betraut werden sollte, um die nach wie vor gefährliche Preisentwicklung in den Griff zu bekommen. Ich weiß, daß er trotzdem zögerte, ein Amt, das er in der Brüningzeit unter so anderen Voraussetzungen ausgeübt hatte, jetzt unter einer nationalsozialistischen Regierung zu übernehmen. Aber es ging um das Wohl der deutschen Bevölkerung und seines Vaterlandes; außerdem würde er die Position nutzen können, um den Einfluß der Partei wirkungsvoller einzudämmen und auf die Politik der Regierung mäßigend einzuwirken. Daher gab er nach einer kurzen Beratung mit politischen Freunden in Berlin seine Zusage. Deutlich erinnere ich mich der Spannung dieser Tage. Als mein Vater aus Berlin von der entscheidenden Verhandlung mit Hitler zurückkehrte, war er durchaus nicht beeindruckt – er hat nie verstanden, weshalb Hitler „faszinierend“ gefunden wurde –, jedoch noch einmal voller Hoffnung, den Kurs korrigieren zu können.

Wachsam aber blieb mein Vater ... Er war darauf gefaßt, daß die Partei versuchen würde, sich in seine Arbeit einzumischen. Prompt meldete sich Dr. Ley, „Reichsorganisationsleiter“ der Partei, und bat um Vollmachten. Die Partei sei bereit, „im Verlauf von Demonstrationen gegen hohe Preise einige Wucherer und Hamsterer aufzuhängen“, um den Preiserhöhungen ein Ende zu bereiten. Aus Furcht vor dieser terroristischen Willkür stattete mein Vater umgehend die Landesbehörden mit legalen Vollmachten aus. Hitler, der von dieser schnellen Entscheidung nicht gleich unterrichtet worden war, wollte sich kurz darauf noch einmal für Sondervollmachten an die Partei einsetzen. Mein Vater erklärte aber, – er habe bereits anders entschieden. Und fügte, nicht ohne Raffinesse, die rhetorische Frage an, ob Hitler wirklich die Partei mit einer so undankbaren Aufgabe wie dem Einschreiten gegen Preiserhöhungen belasten wolle. Hitler gab nach. Später wird mein Vater dieses Nachgeben ‚des Führers‘ als eine wichtige Erfahrung zitieren: man konnte Hitler mit Erfolg entgegentreten. Allerdings bedurfte es dazu des Mutes, taktischer und rednerischer Geschicklichkeit.

Noch bis Mitte 1935 mag sich mein Vater in seiner Überzeugung bestätigt gefühlt haben, er habe Einflußmöglichkeiten – denn erstaunliche Freiheiten wurden ihm zugebilligt. In Vorträgen und Zeitungsartikeln konnte er den wirtschaftlichen Vorstellungen der Nationalsozialisten entgegentreten und sich für liberale Ideen einsetzen. In Ritters Biographie heißt es: „Der Reichskommissar, dessen Rede so weit abstach vom üblichen Stil der Partei- und Staatsgrößen, konnte fast immer auf überfüllte Säle rechnen."

Auch bei der Ausarbeitung der neuen deutschen Gemeindeordnung war mein Vater beteiligt. Kein Wunder, die Vorarbeiten für eine Reform der Gemeindeverfassung waren ja schon in der Weimarer Republik geleistet worden, wenn auch mit anderen Zielsetzungen. Fachleute waren rar in der Einheitspartei, Goerdeler hatte sich als Reformer einen Namen erworben und stellte sich noch einmal zur Verfügung. Es wurde ein hinhaltender Kampf gegen die Aushöhlung kommunaler Autonomie, der schließlich 1935 mit der Liquidierung der Gemeindeparlamente zu Ende ging. Das war es nicht, was Goerdelers Reformvorschläge beabsichtigt hatten! Entschieden hatte er sich bei den Vorarbeiten gegen die nunmehr vorgesehene Ernennung der Stadtverordneten durch die Partei gewandt und auf Wahlen bestanden. Ebenso hatte er die allzu strikte Staatsaufsicht beanstandet und sie als tödlich für jede Selbstverwaltung bezeichnet. Mit Genugtuung konnte er registrieren, daß Hitler seine abweichenden Vorstellungen ernst zu nehmen schien: kurz vor der Verabschiedung der Gemeindeordnung als Reichsgesetz im Januar 1935 wurde er zum Vortrag eingeladen und um Änderungsvorschläge gebeten. Als Hitler sich zugänglich zeigte, glaubte sich mein Vater am Ziel – und täuschte sich doch, denn das Innenministerium setzte alsbald eine Abschwächung seiner Forderungen durch. Seine bitterste Stunde erlebte der Kommunalpolitiker Goerdeler am 20. März 1935, als „die letzte öffentliche Sitzung der Stadtverordneten zu Leipzig" eröffnet und geschlossen wurde.

Skepsis und Hoffnung lösten einander zwar auch in der Folgezeit ab, aber die Zweifel meines Vaters verstärkten sich:

Zweifel an der Beeinflußbarkeit des Regimes, aber auch Zweifel, in der Beamtenschaft noch genügend Mitstreiter zu haben. Wie in der gesamten Gesellschaft drohten sich Resignation oder – schlimmer noch – Gefügigkeit auszubreiten. Mein Vater zögerte, seine Arbeit auf Reichsebene fortzusetzen; die endgültige Trennung bereitete sich vor.

Denn im Jahr 1935 wurde der expansive Charakter der NS-Außenpolitik nur allzu deutlich. Im März wurde die allgemeine Wehrpflicht eingeführt und die Schaffung einer deutschen Luftwaffe proklamiert. Die Kosten der forcierten Aufrüstung waren so hoch, daß eine Rückkehr zu geordneter Finanzpolitik kaum möglich war. Mein Vater führte im Juni eine Aussprache mit Hitler herbei und verlangte ultimativ erweiterte Vollmachten zu Eingriffen in die Verwaltung. Als sie nicht gewährt wurden, stellte er sein Amt als Preiskommissar zur Verfügung.

Zu einer weiteren Zusammenarbeit kam es nicht mehr, obwohl sich Verhandlungen noch bis in den Herbst 1936 erstreckten. Aber die Basis war nicht mehr gegeben. Die Aufkündigung des Locarno-Paktes und der Einmarsch in die entmilitarisierte Zone des Rheinlandes im Frühjahr 1936 ließen erkennen, daß sich Hitler von seinen außenpolitischen Zielen nicht abbringen lassen wollte. Mein Vater dagegen trat für die Neubelebung der Weltwirtschaft und die Erhaltung des Weltfriedens ein, nur in einer so gesicherten Ordnung werde auch Deutschland „eine führende Stelle unter den Völkern der Erde einnehmen" können.

In einer Rede vor der „Weltwirtschaftlichen Vereinigung" vom 22. Mai 1936 erläuterte er den inneren Zusammenhang zwischen Außen-, Innen- und Wirtschaftspolitik und verband damit seine Kritik an der Politik des Nationalsozialismus:

„Der Einzelne ebenso wie das Volk ringt um die Existenz und um die Höhe dieser Existenz. Dabei kann man mit anderen in Widerstreit geraten. Es kommt darauf an, diese Interessen rechtzeitig in einer lauteren Ordnung, gegründet auf Anstand und Charakter, auszugleichen. Ein solcher friedlicher Kampf bedarf einer Ordnung, die die Beziehungen der einzelnen Menschen und der Völker untereinander regelt und von allen geachtet wird. Diese Ordnung liegt sowohl auf dem Gebiete der Sittlichkeit wie auf dem Gebiete des Rechts. *Gewisse sittliche Grundvoraussetzungen sind unerläßlich auch für Inhalt und Achtung einer rechtlichen Ordnung.* (Unterstreichung von C. G.) Denn Recht wird nicht nur durch Macht allein gestützt, sondern muß von der Vernunft und von der Seele des Menschen als eine vernünftige menschliche und gerechte Ordnung anerkannt und erachtet werden."

In einem von Göring im Herbst 1936 angeforderten Gutachten wurde mein Vater noch deutlicher und forderte Rüstungsbeschränkung und Wiederherstellung der Rechtssicherheit. Diese Schrift führte zum Bruch: der mit der Durchführung des „Vierjahresplans" betraute Reichsmarschall bezeichnete sie als vollständig unbrauchbar. Hitler schloß sich seiner Kritik an. Wenige Tage später signalisierte ein Telegramm des Propagandaministeriums meinem Vater, daß er in Ungnade gefallen war: seine Wirtschaftsbroschüre durfte nicht mehr im Druck erscheinen. Meine Mutter kommentierte diese Ereignisse:

„Mein Mann versuchte, die Wahnsinnspolitik Hitlers in Grenzen zu halten, den Gauleitern Gesetzes-Fesseln anzulegen, und als seine Vollmachten nicht, wie nötig, erweitert wurden, trat er zurück und blieb dabei ... Es war klar, daß nunmehr auch der Oberbürgermeisterposten nicht mehr zu halten war, und es galt, nur noch mit Anstand aus der Sache herauszukommen."

Ende 1936 sollte die Entscheidung fallen.

Eine Welt zerbricht

Wie habe ich persönlich die Zeit nach 1933 erlebt, welche Erlebnisse in der Familie haben die ablehnende Haltung meines Vaters gegenüber dem Nationalsozialismus vertieft? Ein Ereignis aus dieser Zeit hat sich mir besonders klar eingeprägt: Der Entschluß meines Onkel Fritz, sich, unter Preisgabe seines Amtes, nicht in die NSDAP zwingen zu lassen.

Der jüngere Bruder meines Vaters, Fritz Goerdeler, in allen politischen Fragen sein Vertrauter, war 1919 zum Bürgermeister von Marienwerder gewählt worden. Marienwerder, von dem mein Vater in seinen Jugenderinnerungen so liebevoll erzählt, war die Heimat der Familie Goerdeler. Es bot meinem Onkel nicht nur ein von ihm mit viel Freude wahrgenommenes Amt, sondern auch für ihn und seine Familie sehr glückliche äußere Lebensumstände. Ich erinnere mich noch an höchstvergnügte Weihnachten in dem schönen klassizistischen Kreis-Haus, das ihm als Dienstwohnung zur Verfügung stand und in dem wir zum großen Fest alle auch untergebracht werden konnten. Ich erinnere mich an den großen anregenden Freundes- und Bekanntenkreis, an das von meiner Tante sehr geliebte Streichquartett, in dem sie als geübte Geigerin musizierte. Auch die Freude meines Onkels an seinen Rosen, die er sorgsam selbst pflegte, ist mir noch sehr gegenwärtig.

1932 war Fritz Goerdeler für eine Amtszeit von zwölf Jahren wiedergewählt worden. Aber lange sollte er sich nicht freuen dürfen. Im Frühsommer 1933 herrschte große Aufregung, die aus unserem „zweiten Zuhause" bis zu uns Kindern drang: die Parteigewaltigen hatten ihm bedeutet, nur als

NSDAP-Mitglied könne er Bürgermeister bleiben. Ob sich die Brüder des längeren beraten haben oder die Entscheidung spontan fiel, weiß ich nicht: Onkel Fritz weigerte sich, in die NSDAP einzutreten. Die Führungsposition mußte er abgeben und wurde – zunächst kommissarisch – Stadtkämmerer von Königsberg. Haus und Garten, den Freundeskreis mußte die Familie schweren Herzens verlassen, umziehen in eine Etagenwohnung und sich in bescheidenere Verhältnisse fügen.

Es war sicher nicht der sprichwörtliche Eigensinn, der den Ostpreußen nachgesagt wird, wenn mein Onkel sich der übermächtigen Partei widersetzte; als Heranwachsende lernte ich meinen Onkel Fritz als einen Menschen kennen, dem Opportunismus aus tiefster Seele zuwider war; der auch persönliche Opfer zu bringen bereit war, um sich den Forderungen der Partei nicht zu fügen. –

Vor aufreibende, seelisch fordernde Entscheidungen wie mein Onkel und mein Vater bin ich selbst nie gestellt worden; die Abneigung, mich einer Partei-Organisation anzuschließen, konnte ich fast unauffällig durchhalten. Meine Universitätsausbildung habe ich erst 1944 beendet und wurde so gar nicht erst mit dem Problem konfrontiert, politische Anschauung mit Berufstätigkeit zu vereinbaren.

Als Schülerin, sensibilisiert vom Elternhaus, habe ich dennoch die Veränderung des geistigen Klimas in Schule und Gesellschaft deutlich registriert. Zunächst erlebte ich in der Schule ein allmähliches Nachgeben gegenüber dem Locken und Drängen der NS-Partei. Das betraf Lehrer und Schüler. Augenfällig trugen einige Lehrer das neue Parteiabzeichen und achteten streng darauf, daß die Klasse sie in strammer Haltung mit „Heil Hitler!" und erhobenem gestrecktem Arm vor den Unterrichtsstunden begrüßte. Andere Lehrer weigerten sich, mitzumachen. So verstand es unsere mutige Klassenlehrerin, das Grußritual durch zur Schau getragenen Beschäftigungseifer zu unterlaufen. Auch inhaltlich wurde der Unterricht, solange ich zur Schule ging, recht frei von NS-Ideologie gehalten. Mitunter gab es feine Nuancen in der

Wortwahl, bei der Auswahl von Gedichten oder in der Darstellung historischer Ereignisse, die signalisierten, wie stark ein Lehrer bemüht war, sich anzupassen oder sich gerade distanzieren wollte. Auch während meines Studiums habe ich eine Fülle solcher Kurzbotschaften empfangen. Es wäre ein Irrtum, anzunehmen, wir wären damals alle sofort im Sinne einhelliger NS-Ideologie ausgebildet worden. Allerdings, Gelegenheiten, sich offen auszusprechen, gab es auch nur ganz selten. Es sollte jedoch nicht unterschätzt werden, daß auch in einem „geschlossenen System" noch persönliches Verhalten möglich war, seinen Wert haben und wirken konnte.

Schwieriger war es schon, sich dem Druck der Mitschülerinnen zu entziehen, dem BDM (der Hitler-Jugend der Mädchen) beizutreten. Die Mitgliedschaft in den Jugendgruppen hatte ihren Reiz: Gemeinschaftserlebnisse, Abenteuerfahrten, Selbstdarstellung bei Übungen, die Kraft und Mut erforderten. Der geschickten Jugendarbeit der NSDAP war es gelungen, die BDM-Mitgliedschaft im Schulleben sichtbar herauszustreichen und als erstrebenswert erscheinen zu lassen. Natürlich ergab sich eine Sogwirkung.

Alle zwei Monate, eher häufiger, fiel der Schulunterricht zugunsten einer großen politischen Demonstration aus, die zunächst nur für organisierte Schüler (sehr bald gab es nur die Hitlerjugend) gedacht war. Rasch wurden es immer mehr Mitschülerinnen, die zu den bedeutungsvoll angekündigten Terminen uniformiert in die Schule kamen: weiße Bluse, dunkelblauer Rock, schwarzes Halstuch mit braunem Lederknoten. Wer „in Zivil" kam, fiel auf. Als ich 1938 Abitur machte, war ich die einzige in unserer Klasse, die nicht zum BDM gehörte.

Ruhig und selbstbewußt habe ich das nicht immer hingenommen. Die wahren Gründe konnte ich den Mitschülerinnen nicht nennen, um mich verständlich machen zu können. So mußte ich immer nach Ausreden suchen, warum ich „noch nicht drin" war. Solange mein Vater noch sein Amt wahrnahm, schützte mich seine Position; später hat man gottlob aufgegeben, mich zu fragen. Heute erst weiß ich das Verhalten meiner Lehrer zu schätzen, die mich nie unter Druck setzten. Wenn Druck entstand, so ergab er sich aus der politischen Isolierung.

Meine Eltern waren uns viel zu nah, um sich nicht in uns einfühlen zu können. Natürlich gab es auch in diesen Jahren die zunächst vom Vater locker gestellte übliche Sonntagsfrage nach der Schule. Dann erzählten wir durcheinander, von Freuden und Ärger, Erfolg und Mißerfolg. Da das Lernen allen leichtfiel, wir bei allen Streichen dabei und gut integriert waren, fielen die Berichte eher amüsant als kummervoll aus. Aber daß ich die einzige sei, die „nirgends drin" war, mußte ich dennoch loswerden. Die Auskunft meines Vaters (in der Studentenzeit sollte sie ähnlich sein) weiß ich noch wörtlich: „Du sollst nicht darunter leiden, wenn du dich abseits fühlst, und es nicht meinetwegen auf dich nehmen. Wir Erwachsene haben nicht verhindert, daß Hitler an die Macht gekommen ist. Es ist nun unsere Sache, es wieder in Ordnung zu bringen. Tritt ein, wenn es für dich zu schwer ist, draußenzubleiben."

So haben es mir die Eltern leicht gemacht, mich frei zu entscheiden und Isolierung, eigentlich nur während der Schulzeit, aus eigenem Entschluß hinzunehmen. Die starke Familie (mit den Kindern von Fritz und Sabine Goerdeler waren wir neun „immune" Gefährten) gab Bindung und Kraft. Lebensfreude, Sinn für Unsinn, daran hat es nicht gefehlt. Vielleicht damals schon nicht an einem Gefühl von Dankbarkeit? Welcher junge Mensch wird sich nicht gern den eigenwilligen, mutigen Vater (und die Mutter) zum Vorbild nehmen.

Nicht plötzlich und dennoch spürbar begann sich auch die gesellschaftliche Umwelt meiner Eltern zu verändern. Der selbstverständliche, konventionell eingespielte Umgang miteinander begann unter der Herausforderung des Nationalsozialismus brüchig zu werden. In welchen Intervallen sich die Störungen ereigneten, weiß ich nicht mehr genau. Aber sichtbar wurden sie. Zwei Szenen aus den Anfangsjahren der NS-Herrschaft mögen das illustrieren:

Es mag wohl 1934 gewesen sein; winterliche Stimmung, draußen kalt und schon dunkel, als meine Mutter von einem ihrer Nachmittags-Tees nach Hause kam. Die Mutter wußte, daß ihre heranwachsenden Kinder beim Abendbrot mit Schilderungen der Geselligkeit unterhalten sein wollten; sie sollte erzählen von den Gästen, dem Stil des Hauses – und vom guten Kuchen. Aber diesmal war es anders. Sie wirkte bestürzt, erregt und etwas verwirrt. Porzellan, Tischdekor, die Ästhetik überhaupt kam in ihrem Bericht nicht vor. Sie erinnerte Gesprächsfragmente, beschrieb einen Streit unter Damen. Politik, dort eigentlich verpönt, hatte auf der Tagesordnung gestanden; „Ruhe und Ordnung", die nun eingekehrt seien, wurden gelobt. Als meine Mutter Schattenseiten erwähnte, hinzufügte, daß „Ruhe und Ordnung" sich erst durch Verbringung Andersdenkender in Konzentrationslager verwirklicht hätten, brach der Sturm los. Als sie vom SA-Mob sprach, den man auf jüdische Geschäfte gehetzt hatte, muß sich das Teekränzchen mit undamenhafter Aggression aufgeladen haben. Meine Mutter fürchtete, ihre Worte würden weitergetragen.

„Da will und kann ich nicht mehr hingehen!" Selten habe ich meine warmherzige, tolerante, um Ausgleich bemühte Mutter so entschieden im absprechenden Urteil über andere Menschen erlebt. Es hatten sich Risse aufgetan, die Höflichkeit und Konvention nicht kitten konnten. (Die „Law and Order-Damen" waren übrigens mit Naturwissenschaftlern verheiratet, die nach dem Krieg hohes Ansehen erwerben sollten.)

Mein Vater hat sicher Ähnliches häufiger erlebt; an einen Vorfall erinnere ich mich aber besonders gut.

Es war ein Jahr später, Hitler hatte mit einem seiner überraschenden außenpolitischen „Schachzüge" imponiert, die Leipziger Schriftleiter rückten Glückwunschadressen in ihre Blätter. Darunter das Telegramm eines der höchsten Richter am Leipziger Reichsgericht, der Hitler gratulierte und mit den Worten schloß: „mit heißem Herzen. B ..."

Mein Vater konnte sehr zornig werden. „Was hatte der

Mann es nötig, so vor Hitler zu kriechen!" Die Stimme höre ich noch heute, und ich sehe die verächtliche Miene, die sein Gesicht verfremdete. Wenn ein kleiner Angestellter der Partei beitrat, um seine Stelle zu erhalten, „verstand" mein Vater. Böse wurde er, wenn Persönlichkeiten in hohen, gesicherten Positionen vor Hitler ohne Not „liebedienerten". Es hat ihn wohl in seinem Ehrgefühl verletzt. Ausgerechnet seine Schicht, das gebildete Bürgertum, das Fundament des nationalen Liberalismus, erwies sich als so wenig selbstgewiß und standhaft.

Der beflissene Richter hatte für meinen Vater seinen Namen verloren und hieß nur noch „der mit dem heißen Herzen". Zu Gast in meinem Elternhaus war das Ehepaar nicht mehr, obgleich es vorher wegen seiner Bildung sehr willkommen gewesen war.

Vor die Szenen der Selbstpreisgabe bürgerlicher politischer Kultur und ihrer Verteidigung schiebt sich in meiner Erinnerung gleichsam eine Abschiedsszene. Fast schmerzhaft in ihrer Deutlichkeit: ich bin damals sechzehn Jahre alt und fühle meine Mutter bedroht.

1935, zur Grundsteinlegung des Richard-Wagner-Denkmals, erschien „der Führer".

Meinen Eltern war – wie stets – aufgegeben, dem höchsten Würdenträger und einigen ausgewählten Gästen einen Mittagsempfang auszurichten. Für Anlässe dieses Zuschnitts standen dem Oberbürgermeister die Räumlichkeiten des Grassi-Museums zur Verfügung. Ein repräsentativer Rahmen mit stilvollen Möbeln, exquisiten kunstgewerblichen Kostbarkeiten ließ sich dort schon bieten. Altes Meißner Porzellan, von wohlhabenden Leipziger Bürgern gesammelt, würde die Tafel zieren. – Meine kleine Schwester und ich hatten – ganz traditionell – einen Blumenstrauß zu überreichen.

Eine Stunde bevor der Trubel begann, fuhr meine Mutter mit uns in die Stadt, um zu sehen, ob alles in Ordnung sei. Der Festraum war, wie erwartet, höchst geschmackvoll gestaltet. Auf weißem Damast warteten Teller mit Goldrand und goldenem Drachenmuster, blinkende Gläser, glänzendes Silber, Schalen mit blau-gelbem Blumenschmuck und vielarmige bunte alte Meißner Leuchter auf die Herren des Reiches und die übrigen Gäste. Meine Mutter bespricht noch letzte Einzelheiten mit dem Chef der Kellnerschar. –

Da wird die Saaltür plötzlich hart geöffnet. Auf der Schwelle steht ein SS-Führer, hinter ihm, geballt, etwa zwei Dutzend seiner Kameraden in ihrer schwarzen Uniform. Meine Mutter, bestürzt, doch beherrscht, fragt die Herren höflich, was sie begehrten. „Wir haben das Leben des Führers zu schützen!" Das kam prompt und bestimmt, duldete keinen Widerspruch. Meine Mutter hatte Mühe, ihre Fassung zu bewahren: „Aber, meine Herren – ich bitte Sie, der Herr Reichskanzler ist Gast meines Mannes. Damit ist für Schutz gesorgt." Die Leibstandarte kannte ihren Text, der Bescheid war knapp und abschließend: „Der Schutz des Führers ist unsere Angelegenheit." Da war nichts auszurichten; gesellschaftliche Regeln waren aufgehoben. Unvergeßlich, symbolhaft hat sich mir das Bild eingeprägt:

Die dunkle Garde wurde eingewinkt, baute sich auf; mit dem Rücken zur Wand formten sie ihren Sicherheitskordon um die festliche Tafel. Strenge, ausdruckslose Mienen, zackige Haltung. Schwarze Kluft und grellrote Armbinde, Revolver am Koppel, Schaftstiefel auf dem feinen hellen Parkett.

Den Schein intakter bürgerlicher Konventionen hatten die neuen Machthaber endgültig zerstört.

Rücktritt

1936 sollte das Jahr der endgültigen Entscheidung werden. Mein Vater hatte erkannt, daß die politische Skrupellosigkeit System hatte, und mußte einsehen, daß sein Wirkungsspielraum immer enger wurde. Zu Beginn dieses Jahres, das zum Wendepunkt seines Lebensweges wurde, finden wir nicht mehr einen Mann vor, der zwischen Skepsis und Hoffnung schwankte, sondern einen Menschen, der sich anschickte, „die Schiffe hinter sich zu verbrennen", und nach Mitteln suchte, seine Gewissensentscheidung mit den familiären Pflichten zu vereinbaren. Wie mein Vater seine Situation beurteilte, überliefert der amerikanische Historiker Harald C. Deutsch:

„Vorgeblich zu dem Zweck, Veränderungen in der Kommunalverwaltung zu analysieren, in Wahrheit aber mit einer Untersuchung über das Hitler-Regime beschäftigt, besuchte der Autor im Spätfrühjahr 1936 die Stadt Leipzig, wo er Goerdeler kennenlernte. Wie er es bei seinen Gesprächen allgemein zu tun pflegte, schlug er eine bestimmte Taktik ein, um rasch dahinterzukommen, wie sein Gegenüber grundsätzlich über das Dritte Reich dachte. Auf seine Frage: ‚Was ist Ihres Erachtens das größte Problem des heutigen Deutschland?' antwortete Goerdeler ohne Umschweife: ‚Das größte Problem des heutigen Deutschland ist die Wiederherstellung des einfachen menschlichen Anstands.' Darauf nannte er seinem verblüfften Besucher eine eindrucksvolle Liste von Mißständen, die nach seiner Meinung in Hitler-Deutschland herrschten, und erwähnte auch einige seiner persönlichen Schwierigkeiten mit den Leipziger Nazis. Als er seinen Besucher zur Tür begleitete, blieb er vor einem hohen Fenster stehen, das auf den Rathausplatz ging. Er deutete in die Richtung des Gewandhauses, vor dem ein Denkmal Mendelssohns stand, und sagte: ‚Das ist eines meiner Probleme. Die SA setzt mir zu, sie will, daß ich dieses Denkmal entferne. Aber wenn sie es je anfaßt, mache ich hier Schluß.'

Die ‚Schale des Zorns‘ hatte sich gefüllt bis zum Rande – bis zur öffentlichen Distanzierung, dem Rücktritt meines Vaters im November, aber sollten noch Monate vergehen. Vorher stellte er – der parteilose Oberbürgermeister – sich den Stadtverordneten der ihm anvertrauten Stadt zur Wiederwahl und wurde in seinem Amt mit einer solchen Eindeutigkeit bestätigt, daß sie als Votum der Leipziger gegen die Herrschaft der Partei ausgelegt werden konnte. – Zwei Ereignisse, die sich auf völlig verschiedenen Ebenen abspielten und wenig miteinander zu tun zu haben scheinen, bestärkten meines Vaters Entschluß, sich endgültig gegen das NS-System zu wenden. In meiner Erinnerung gehören sie darum zusammen:

Im Frühjahr 1936 gab es Aufregung um meinen Bruder Christian. Zwei Jahre älter als ich, war Christian fröhlicher Spielgefährte meiner Kinderzeit. Er hatte sich lange um sein Berufsziel Gedanken gemacht; sollte er nach dem Abitur (Ostern 1935) Lehrer werden, Richter oder Offizier? Als sich abzeichnete, daß der Weg in den öffentlichen Dienst ohne – zumindest formelles – Glaubensbekenntnis zum Nationalsozialismus versperrt sei, entschied sich Christian für die Reichswehr. General Kurt von Hammerstein, Freund meines Vaters, hatte dazu geraten; soweit ich mich erinnere, mit dem Argument, die Reichswehr biete noch am ehesten einen „Weg in die innere Emigration“. Trotzdem zögerten meine Eltern, ob sie zustimmen sollten – als hätten sie das Dilemma voraussehen können. Ehe Christian eine so starke Bindung eingehe, solle er seine Wahl prüfen, rieten sie und ermöglichten ihm ein Jahr im freien Ausland. Begeistert von der Atmosphäre in der Schweiz, in Irland und England kehrte er zurück, hielt aber an seinem Entschluß fest und wurde Fahnenjunker in Königsberg, wo er liebevollen Rückhalt bei der Familie von Fritz Goerdeler fand. Christian war am 1. April 1936 in die Reichswehr eingetreten; zu Ostern reisten die Eltern mit uns jüngeren Kindern nach Meran, das meine Mutter so liebte. Ferien hatten wir bisher nur in Rauschen verbracht, so ist mir diese erste große Fahrt besonders im Gedächtnis geblieben:

War die Sonne hier nicht viel wärmer und das Blau des Himmels intensiver, blühten hier nicht die Obstbäume üppiger? Und wie köstlich dufteten die Glyzinien! Der Zauber währte nicht lange. Aufgeregt rief Onkel Fritz aus Königsberg an: Christian weigere sich, den Treueid auf Hitler abzulegen.

Die Eidesformel lautete seit August 1934 „Ich schwöre bei Gott diesen heiligen Eid, daß ich dem Führer ... Adolf Hitler ... unbedingten Gehorsam leisten und als tapferer Soldat bereit sein will, jederzeit für diesen Eid mein Leben einzusetzen." – Hatte Christian, der sich seine Entscheidung doch wahrlich nicht leichtgemacht hatte, die Fessel übersehen, die Art der starken Bindung erst begriffen, als es „zum Schwur kommen sollte"? Die Älteren waren ratlos. Durfte man Christian zu einer Eidleistung überreden, die Gewissensnot bedeuten mußte? Durfte man ihn andererseits der Gefahr aussetzen, die ein Verweigern zur Folge gehabt hätte? – Aufgeregte Telefonate folgten. – Die Sorge um Leben und Freiheit gewann die Oberhand, Christian schwor den „Heiligen Eid". Hätte ihn eine andere Entscheidung retten können? Am 15. Mai 1942 fällt Christian vor Charkow, strafversetzt, weil er zu den Geiselerschießungen in Frankreich nicht hatte schweigen wollen. –

Mein Vater hatte nun unmittelbar erlebt, in welche Gewissensnot das System auch junge Menschen zwingen konnte. Wenig später erfuhr er, daß auch „die Jugend der Welt" zwischen moralische Klippen geriet – mochte sie darum wissen oder nicht. Die Olympischen Spiele, die im Sommer 1936 in Berlin ausgetragen wurden, öffneten ihm die Augen für die Tatsache, daß außer der deutschen Öffentlichkeit sich auch die Weltmeinung von Nazi-Dramaturgie hinters Licht führen ließ.

Die Vergabe des größten Friedens- und Jugendtreffens an Metropolen des Militarismus (für 1940 war Tokio vorgesehen) war erstaunlich genug. Daß sich die IOC-Herren mit dem Alibi begnügten, der Reichssportführung die Teilnahme einer jüdischen Fechterin abzuzwingen, mochten sie mit ihrem Gewissen ausmachen. Was meinen Vater vor allem erschreckte, war der Zuwachs an internationalem Ansehen, den die Diktatur (außer sportlichen Triumphen) verbuchen konnte. Die Ungläubigkeit, den geballten Zorn meines Vaters spüre ich noch heute; er konnte einfach nicht verstehen, wie Hunderte von ausländischen Ehrengästen und Diplomaten sich einfanden und keineswegs nur dem Sport, sondern auch dem Führer des Gastlandes Reverenz erwiesen, Mannschaften aus Nachbarländern mit dem Hitler-Gruß an der Ehrentribüne vorbeidefilierten.

Massenveranstaltungen effektvoll zu inszenieren war Spezialität der NS-Organisatoren; die Schau war neuartig und grandios, das internationale Echo so begeistert, daß der Ruhm der Berliner Olympiade bis in die Nachkriegszeit wirkte.

Daß sich hinter dem Glanz Barbarei und Verbrechen verbargen, schien niemand zu ahnen oder begreifen zu wollen. Ohnmacht als gegeben hinzunehmen widerstrebte dem Charakter meines Vaters. Ich glaube, damals reifte sein Entschluß, das Aufklärungswerk zu beginnen und im Ausland zu warnen.

Nach den Erfahrungen und Erkenntnissen, die mein Vater bei der Berliner Olympiade gewonnen hatte, bedurfte es nun wohl nur eines Anlasses, damit er aus dem Amt schied. Der Anlaß war das Mendelssohn-Denkmal, das vor dem Leipziger Gewandhaus stand. Immer wieder hatten ihn Leipziger nationalsozialistische Ratsherren bedrängt, er möge dieses Denkmal beseitigen lassen. Mendelssohn war einer der berühmten Kapellmeister des Leipziger Gewandhauses, hatte mit der Aufführung der Matthäus-Passion den Grundstein zur Bach-Renaissance gelegt und war als Liederkomponist auch musikalischen Laien wohlvertraut. Mendelssohn war Jude, für Nationalsozialisten nicht tragbar.

Mein Vater hatte sich schon gegen die Umwidmung von Straßenschildern gewehrt, die an jüdische Namen der deutschen Geschichte erinnerten, hatte auch in Berlin ein Versprechen ausgehandelt, das Denkmal dürfe bleiben. Anfang November 1936 hält mein Vater auf Einladung der Deutsch-

Finnischen Handelskammer einen Vortrag über Wirtschaft, Währung und Verwaltung, der zu einem großen Erfolg wird. Auf der Rückreise besucht er den schwedischen Kronprinzen. In Stockholm erreicht ihn die Meldung, daß im Auftrag seines Stellvertreters, Bürgermeister Haake, einem alten Nationalsozialisten, während seiner Abwesenheit das Mendelssohn-Denkmal beseitigt worden war. Mein Vater erklärte sofort nach seiner Finnland-Reise seinem Stellvertreter, er habe einer klaren Anweisung des Oberbürgermeisters zuwider gehandelt. Eine solche Disziplinlosigkeit könnte er nicht hinnehmen. Entweder sorge Haake sofort für die Wiederaufstellung des Denkmals durch die Partei, oder er werde seinen Abschied als Oberbürgermeister nehmen. Da ein solcher Prestigeverlust der Partei undenkbar war, wurde Goerdelers Rücktritt angenommen. Weihnachten 1936 ging mein Vater in Urlaub, im März 1937 verabschiedet er sich mit einem Rechenschaftsbericht von der Stadt und von seinen Bürgern. Das war das Ende seiner öffentlichen Tätigkeit. Später, im Gefängnis, wird mein Vater folgendes niederschreiben:

„Damals führte ich den klaren Entschluß aus, nicht die Verantwortung für eine Kulturschandtat zu übernehmen. Mendelssohn-Lieder haben wir alle mit Entzücken gehört und auch gesungen. Mendelssohn zu verleugnen, wäre feige und lächerlich gewesen. Ich hoffte im stillen, eines Tages wieder in reiner Luft dem Vaterlande dienen zu können. Dafür und für die Stellung des deutschen Volkes im Ausland wollte ich meinen guten Namen wahren. Vor aller Welt hatte ich mit meinem Abschied gegen den Sturz des Mendelssohn-Denkmals protestiert. Und so wurde dies auch überall aufgefaßt."

Der meinem Vater befreundete Redakteur Fritz Bartsch hat unmittelbar nach dem Kriege Reaktionen auf den Rücktritt beschrieben. Er berichtet:

„Als Goerdeler kurz nach seinem Rücktritt vor dem Beginn eines Donnerstag-Konzerts das Leipziger Gewandhaus betrat, kannten Begeisterung und Beifall der Leipziger Bürger keine Grenzen mehr. Das war eine der peinlichsten Stunden für Leipzigs Nationalsozialisten." (Stuttgarter Nachrichten, 1950)

Für meinen Vater war der Rücktritt vom Amt gewiß ein schwerer Entschluß gewesen. Er war erst 52 Jahre alt, mit Leib und Seele Kommunalpolitiker gewesen und hatte sich auch an der großen Anerkennung gefreut. Und doch war es ihm letztlich auch willkommen, einen solchen Anlaß zum Rücktritt zu haben. Er wirkte erleichtert, wie ich mich entsinne. Es war ihm immer unbehaglicher und fragwürdiger geworden, ob er es noch verantworten könne, im nationalsozialistischen Staat ein öffentliches Amt auszuüben. Seinem offenen Wesen war es schon lange ein Greuel, zu oft in zweierlei Zunge, „verschleiert" sprechen zu müssen. Und schien nicht alles Taktieren vergeblich? Nichts bewegte sich in eine Richtung, die Besserung verheißen hätte. Zu Ende war nun die Zeit schwankender Stimmungen. Der politische Erkenntnisprozeß meines Vaters war abgeschlossen: Auf eine Eindämmung des Regimes war nicht länger zu setzen. Hitler mußte bekämpft werden.

So erinnere ich mich des Abschieds, den mein Vater von dem geliebten Amt nahm, weniger als eines resignativen denn kraftvollen Schrittes: Der Befreiung vom selbstauferlegten Schweigen und Verschweigen, einer Wende zum „aufrechten Gang".

Warner im Ausland

So schwer es meinem Vater auch fallen mußte, ein Amt aufzugeben, das er mit Leidenschaft versehen hatte, im Familienalltag bewirkte der Rücktritt keinen spürbaren, zumindest keinen tiefen Einschnitt. Schon äußerlich nicht: Das Haus in der Kapitän-Haun-Straße war keine Dienstwohnung, und so konnten wir dort weiter leben. Auch materiell nicht, denn außer der Pension sicherte ab Juni ein Beratervertrag mit Robert Bosch unseren Lebensunterhalt. Schulwege, Klassenkameraden und Lehrer blieben dieselben. Weder fragten die Mitschüler neugierig, weshalb unser Vater aus dem Dienst geschieden sei, noch wurden wir von den Lehrern anders, gar mißtrauisch behandelt. Heute wüßte ich gern, warum das so war. Ich glaube, die meisten Menschen konnten sich eine so grundsätzliche Kritik am Nationalsozialismus in der Zeit seiner größten Erfolge gar nicht vorstellen. Andere, die Gegnerschaft und Gründe ahnten, mußten sich hüten, sie preiszugeben – um meines Vaters und um ihrer selbst willen.

Auch im geistigen Klima unseres Elternhauses änderte sich schon darum wenig, weil meines Vaters Entschluß für uns nicht überraschend kam. Mein Vater war sehr lebhaft und impulsiv, offen auch gegenüber uns Kindern, so daß wir sein Zögern, ob er noch im Amt bleiben sollte, aufkeimende Hoffnungen, doch noch einwirken zu können, seine Enttäuschungen und seinen Zorn schon immer miterlebt hatten. An resignative Züge kann ich mich nicht erinnern. Er wirkte eher entschlossen. Nach Jahren des Schwankens, wie er handeln solle, war er sich seiner Sache sicher: Es reichte nicht, als Beamter der NS-Politik im einzelnen entgegenzusteuern, er mußte nach wirksamer und umfassender Gegenwehr suchen. Tatsächlich hat sich mein Vater ja auch recht schnell, nämlich innerhalb von zwei Monaten, entschieden, längere Reisen ins Ausland zu unternehmen; wie wir heute wissen, mit dem doppelten Ziel vor Augen, sich selbst über die politische Situation in England, Frankreich und Amerika zu unterrichten und zugleich einflußreiche Politiker vor Hitlers Absichten zu warnen. Denn bedroht schien ihm nun nicht nur die deutsche Nation, sondern der Frieden in Europa. So markiert der Schritt über die Grenze eine wichtige Station auf dem Lebensweg meines Vaters: den Übergang von Opposition zum Widerstand.

Zur Verwirklichung seines Reisevorhabens hatte es allerdings ideeller wie materieller Unterstützung bedurft. Sicher haben Gespräche mit Robert Bosch und Reichsbankpräsident Schacht den Plan vorangetrieben. Schacht riet ihm zudem, „aus der Schußlinie zu gehen". Den Fonds für das aufwendige Reiseprogramm, das mein Vater aus eigenen Mitteln nicht hätte finanzieren können, stellte Friedrich Krupp zur Verfügung. Schon seit 1935, als mein Vater auf der Leipziger Frühjahrsmesse Hitler mit einer wirtschaftspolitischen Rede entgegengetreten war, hatte Krupp meinem Vater signalisiert, daß er interessiert sei, ihn in leitender Position einzusetzen. Nachdem mein Vater sein Amt niedergelegt hatte, hielt Krupp sein Angebot aufrecht; glaubte aber, bei Hitler um Erlaubnis für die Einstellung eines Mannes anfragen zu müssen, dessen wirtschaftspolitische Anschauungen mit denen des NS-Regimes nicht übereinstimmten. Hitler ließ seinen Unwillen erkennen, und so zerschlug sich das Projekt. Krupp bot eine namhafte Entschädigungssumme an, die Goerdeler zurückwies: „da Herr von Krupp freie Hand gehabt hätte und ich selbst nicht seines Angebotes halber in Leipzig aus dem Amt geschieden sei", kommentierte Goerdeler 1944. Als sich die Reisepläne konkretisierten, erneuerte Krupp sein Anerbieten. Unter Vermittlung von Schacht nahm mein Vater die Finanzierung an. Ob der Konzernchef wohl geahnt hat, daß er einen Mann in die Welt schickte, der bald unablässig vor Hitlers Kriegspolitik warnen würde?

Bevor mein Vater im Juni 1937 die Reihe seiner Auslandsreisen begann, waren allerdings noch höchst aufregende Wochen zu überstehen. Die Unruhe jener Tage ist mir noch heute gegenwärtig. Folgendes war geschehen: Als mein Vater seinen Reisepaß eingereicht hatte, um die benötigten Visa eintragen zu lassen, erhielt er den Paß nicht zurück. Mein Vater erinnerte, mahnte, drängte – der Paß blieb unauffindbar!

Starke Gefühle prägen sich, besonders in kritischen Zeiten, dem Gedächtnis intensiver ein als die Vorgänge selbst. So kann ich noch heute die Gespanntheit von damals nachempfinden; die Angst, als mein Vater, immer nervöser und besorgter, auf dem Messeamt nach seinem Paß fragte. Das war nicht irgendein Dokument, ärgerlicherweise in den Mühlen der Bürokratie hängengeblieben und – wenn auch mit einigen Mühen – wieder zu beschaffen!

Für meinen Vater konnte es bedeuten, nicht mehr ins Ausland fahren zu dürfen, weil er politisch verdächtig geworden war. Irgendwie muß mein Vater erfahren haben, daß der Gauleiter von Sachsen, Mutschmann, den Paß absichtlich hatte verschwinden lassen. Ob Mutschmann schikanieren wollte oder meinen Vater als Sicherheitsrisiko einstufte, wissen wir nicht. Die Reisen jedenfalls sollten verhindert werden.

Es lag nicht in der Natur meines Vaters, den Gang der Dinge abzuwarten. Jetzt nutzte er seine Verbindungen zu Berliner Ministerialbeamten, unter denen es viele Regime-Kritiker gab; außerdem hatte er inzwischen gelernt, die Rivalität hoher NS-Führer zu durchschauen. Durch Vermittlung von Hitlers Adjutanten, Hauptmann Wiedemann, gelang ihm „die Flucht nach vorn": Termin bei Göring.

Ich kann mich noch gut entsinnen, wie mein Vater bei seiner Rückkehr aus Berlin meiner Mutter von dieser Audienz „in der Höhle des Löwen" erzählte. Zunächst: keine Sorge, er würde einen neuen Paß erhalten! (Offiziell mußte der Paß ja „verschwunden" und nicht entzogen sein!) Nach gewohntem Spott über Görings prunksüchtige Erscheinung wurde die Stimme meines Vaters ernst: Göring hatte sich an Berichten über die geplanten Auslandsreisen interessiert gezeigt. Görings Intervention hatte ihren Preis.

Nun hatten dienstliche Kontakte zu Göring bereits bestanden, waren aber recht dissonant ausgeklungen. (Göring hatte, wie erwähnt, die letzte Denkschrift Goerdelers zur Wirtschaftspolitik im Kabinett als „völlig unbrauchbar" bezeichnet, da sie „neben vielen anderen abwegigen Gedanken den Vorschlag wesentlicher Rüstungsbeschränkungen" enthielt.)

Zu den gravierendsten Punkten der Auseinandersetzung Carl Goerdelers mit der NS-Führung zählte ihre forcierte Aufrüstung; er lehnte sie ab, weil er sie weder nationalökonomisch noch moralisch für vertretbar hielt: Krieg war bedenkenlos einkalkuliert. In seinen späteren Reiseberichten wurde mein Vater nicht müde, auf die Verhandlungsbereitschaft des Auslands hinzuweisen, – deutsches Entgegenkommen und Interesse an Dauerlösungen vorausgesetzt. Sollte mein Vater, seinen Erfahrungen und Einschätzungen zuwider, noch immer gehofft haben, als „Berichterstatter" Göring beeinflussen und die Kriegsgefahr bannen zu können?

Für 1937 kann ich es nicht gänzlich ausschließen. Zu den kennzeichnenden Eigenschaften meines Vaters gehörte es, immer wieder – manchmal gegen alle Vernunft – Hoffnung schöpfen zu können. Sollten Illusionen überhaupt bestanden haben, so währten sie nicht lange, wie sich aus einem Gespräch mit Franz Böhm im Jahr 1938 ergibt. Mein Vater hat Hermann Göring immer als sehr sprunghaft eingeschätzt, ihn nicht als verläßliche Größe betrachtet.

Absolut sicher bin ich mir, daß die Vereinbarung mit Göring nicht als „Kooperation" zu werten ist, wie es manche Historiker sehen wollen. Mein Vater brauchte einen Paß, um überhaupt ins Ausland gelangen, dort mündlich und schriftlich vor Hitlers Absichten warnen zu können! Dafür nahm er in Kauf, Göring seine Berichte vorlegen zu müssen. – Hätte er nicht auch in stiller Resignation zu Hause bleiben und sein gutes Auskommen haben können? Daß diese Alternative seinem Gefühl für Verantwortung nicht entsprach, sollte allen deutlich sein, die ihn lesen, und war allen klar, die ihn kannten. Ein philosophischer Grübler ist Carl Goerdeler nicht gewesen, aber die Problematik seines Tuns, auch die des Göring-Auftrags, war ihm immer gegenwärtig. Im Oktober 1938 schreibt er an Spencer Miller, einen amerikanischen Freund:

> „Es kann unter Umständen nötig werden, daß ich nach der Talleyrand'schen Methode arbeiten muß, da meine Lage äußerst gefährlich ist. Das darf dann niemand beunruhigen. Ich bleibe der alte."

Was ist mit dem Gewinn des Passes erreicht?

Juli 1937, Finanz- und Paßprobleme sind vergessen, kann eine Hürde anderer Art genommen werden. – Im diningroom des Londoner National Liberal Club, vor unwillkommener Aufmerksamkeit durch eine Nische abgeschirmt, sitzt Carl Goerdeler, der bald sein 53. Lebensjahr vollenden wird, fünf privaten „Gutachtern" gegenüber. Jetzt galt es für ihn, Vertrauen zu erwerben, um einen diplomatischen Vorstoß zu unternehmen: wichtige Mitglieder des Außenministeriums sollten vor Hitlers Außenpolitik gewarnt werden.

Wohl keiner in der Runde verfügte über größere außenpolitische Erfahrung. Nur der Gast besaß interne Kenntnis des NS-Apparates und seiner Techniken. Arthur P. Young, der dem kleinen Kreis als Gastgeber vorsaß, hatte nur gute Bekannte eingeladen, die ihm durch seine Pionierarbeit auf berufskundlichem Sektor bekannt waren; darunter Sir Wyndam Deedes, Sozialpolitiker mit Zugang zu Vansittart, dem Staatssekretär im Außenministerium. Obwohl mein Vater außer Reinhold Schairer niemand an diesem Tisch kannte, gelang es ihm erstaunlich schnell, Sprachbarrieren und eventuelle Reserven gleichsam im ersten Anlauf zu überwinden. Dabei mag ihm zweierlei geholfen haben: der Name Robert Bosch, der bei dem einstigen Elektroingenieur Young einen guten Klang hatte, – und meines Vaters Temperament, schnell bereit, Bedenken fallen zu lassen und auf Gemeinsamkeit zu bauen. In „Across the Years", seinen Lebenserinnerungen, schreibt Arthur Young:

„Goerdeler impressed us all with his forceful and likeable personality. He had an easy manner and ironic sense of humour, and we all felt he was a man with extremely strong moral courage who had decided on a certain course of action to oppose Hitler – from which he would never be deflected. He left no doubt in our minds as to the evil intentions of Hitler and his associates, who could only be checked if Britain were to be far more forceful in her negotiations with them. It was made quite clear to us that appeasement was a useless policy, would only be regarded as weakness by Hitler and would at the same time discourage the liberal forces inside Germany who were anxious, Goerdeler said, to cooperate with us to find a solution to the Hitler problem."*

Wirkung und Absichten meines Vaters sind hier glücklich getroffen. Viele Menschen, die Carl Goerdeler begegneten, beschreiben ihn ähnlich: von starker Überzeugungskraft, mutiger Bereitschaft, durch Offenheit Risiken einzugehen, und der Fähigkeit, sich dem Gegenüber spontan zuzuwenden. Die Ziele meines Vaters faßt Young bündig zusammen: Appell an das Ausland, Hitler durch Entgegenkommen nicht zu immer weiteren Forderungen zu ermutigen. Forderungen, die er – Einlenken als Schwäche deutend – auch mit Waffengewalt durchzusetzen bereit wäre. Erst wenn das Ausland Hitler mit Härte begegne, könne „das Problem Hitler" gelöst werden, in Absprache mit oppositionellen

---

* Goerdeler hat uns alle durch seine starke und gewinnende Persönlichkeit beeindruckt. Er war offen und ungezwungen, mit einem leicht ironischen Humor. Wir alle empfanden, daß er ein Mann mit äußerstem moralischem Mut war, der sich für einen Oppositionskurs gegen Hitler entschieden hatte, von dem er niemals abweichen würde.

In bezug auf die verbrecherischen Absichten Hitlers und seiner Gefolgsleute ließ er keine Zweifel aufkommen. Sie könnten nur gebremst werden, wenn Großbritannien ihnen in den Verhandlungen viel energischer entgegentreten würde. Er machte uns nachdrücklich klar, daß Appeasement-Politik sinnlos sei. Sie würde von Hitler nur als Schwäche ausgelegt und gleichzeitig die liberalen Kräfte entmutigen, die – nach Aussagen Goerdelers – mit uns zusammenzuarbeiten suchten, um eine Lösung für das Problem Hitler zu finden.

Kräften in Deutschland, die Zusammenarbeit dringend suchten.

Wenige Tage später – so erfahre ich heute aus „Across the Years" – begleitete Sir Wyndam den „ex-burgomaster of Leipzig" zu einem Sondierungsgespräch mit Sir Robert Vansittart, dessen skeptische bis ablehnende Haltung gegenüber Appeasement-Tendenzen Eingeweihten bekannt war. Sir Robert zeigte sich von den Warnungen des Deutschen beeindruckt und empfahl in einem Memorandum die Kurskorrektur. Außenminister Anthony Eden, der damals eine noch abwartende Position bevorzugte, aber lehnte ab, das Papier dem Kabinett vorzulegen.

Als Arthur Young, bislang vor allem mit Management-Reformen befaßt, die Club-Tafel aufhebt, kann er nicht ahnen, daß er das Startsignal zu einem über zwei Jahre dauernden Wettlauf gegen die Zeit gegeben hat, in dem ihm selbst die Rolle eines Mahners und Geheimkuriers zufallen sollte. In den „X-Documents" (das X stand, als minimales Tarnmäntelchen, für Goerdeler), die demnächst in deutscher Übersetzung erscheinen sollen, schildert der Humanist und gläubige Christ diesen verzweifelten Kampf, den er an der Seite meines Vaters gegen das drohende Unheil führte. Dritter im Bunde war Reinhold Schairer, Emigrant und namhafter Berufsbildungsfachmann; mit meinem Vater seit einer Konferenz flüchtig bekannt, hatte er die Verbindung zu A. P. Young hergestellt. Ihre Warnungen sollten später einflußreiche Zirkel der westlichen Welt erreichen: außer der britischen und französischen Regierung wurden Ex-Präsident Hoover, die First Lady der U.S.A., Eleanor Roosevelt, der belgische König, riskanterweise sogar südafrikanische Kabinettsmitglieder informiert – um nur die bedeutendsten Verbindungen aufzuführen.

Heute wissen wir, alle Anläufe sollten vergeblich sein. Die Gründe sind in der Forschung noch umstritten und nicht überzeugend geklärt.

*

Wenn mein Vater von seinen Auslandsreisen zurückkehrte, begnügte er sich nicht mit politischen Bilanzen, die zwischen Hoffnung und Enttäuschung schwankten. Anders als heute, da junge Menschen oft weit in der Welt herumkommen, galten in meiner Jugend Fahrten über die Landesgrenzen noch als Abenteuer. Und so mußte mein Vater erzählen: von den Menschen mit ihren besonderen Sitten und Gebräuchen, von den gesellschaftlichen Regeln, von Straßenbildern, Landschaften. Oft schilderte er ausführlicher die sozialen Einrichtungen und die Besonderheiten der Landwirtschaft; diesen Themen galt immer sein besonderes Interesse. Er fühlte sich durchaus nicht als routinierter Kenner des Auslands, blieb neugierig, ließ sich überraschen und konnte seine Beobachtungen konkret und anschaulich schildern.

Als er im März 1938 von seiner letzten London-Station heimkam, brachte er uns jedoch mehr mit als Beschreibungen. Um weitere Vansittart-Kontakte zu verschleiern, hatte ihm Frederick Leggett, hoher Beamter im Arbeitsministerium, eine Einladung zu wirtschaftspolitischen Vorträgen vermittelt. Und um das „Komplott" abzurunden, sollte die Reise einen familiären Anstrich bekommen, meine Mutter und ich durften ihn begleiten!

Mein Abitur hatte ich gerade absolviert, der Reichsarbeitsdienst, Vorbedingung für die Studiengenehmigung, aber stand mir noch bang bevor; die Aussicht auf das Londoner Zwischenspiel begeisterte mich. Und so war die „Tarnung" nur teilweise Tarnung: mein Vater wollte uns beiden eine Freude machen.

Erinnerung neigt dazu, ihren Stoff zu verklären und das Schöne herauszufiltern. Wenn ich mich aber genauer besinne, überlagert heutiges Wissen das Erlebte; es ergeben sich perspektivische Verschränkungen. So gewiß ich mir bin, daß meine erste Reise nach England damals die „reinste Wonne" war, überwiegt heute das Zwiespältige, wechseln die Bilder zwischen bunten und grauen Tönen.

In Deutschland herrschte wieder Begeisterung: im März 1938 hatte Hitler seinen Überraschungscoup, den Anschluß

Österreichs, mit Erfolg inszeniert. Aber das Ausland blieb stumm. Mein Vater war bedrückt; sein und seiner Mitstreiter Warnungen hatten nichts genützt. Noch einmal würde er in schwierigen Gesprächen mit englischen Politikern zu ringen haben.

Mir aber stand ein wundervoller erster Londonfrühling bevor, von dem ich noch heute schwärmen könnte. London war ein bezauberndes Fest, im Rückblick eine Oase zwischen den Zeiten. Die Eindrücke wechselten so rasch, daß sich wenige Augenblicksbilder erhalten haben. Doch sehe ich uns noch am Piccadilly Circus, verblüfft von dem Kaleidoskop der Leuchtreklamen, dem Wetteifer der Slogans; unsere deutschen Plakate erschienen dagegen als hausbacken und provinziell (und Leipzig war doch beinahe eine Weltstadt!). Ich war 18 Jahre alt, aber vergnügt wie ein Kind, als wir auf einem der roten Doppeldeckerbusse durch Londons Verkehrsdschungel fuhren. Und wohin zog es uns? Natürlich ins Britische Museum, damit wir Weite und Vielfalt der alten Kulturen bewundern konnten. Meine Begeisterung aber galt der Tate-Gallery – Turners Landschaftsträume faszinieren mich bis heute. Was blieb uns noch? Mußestunden in Kew Gardens unter einem fast mittelmeerischen Frühlingshimmel inmitten üppiger Tulpenbeete und leuchtender Narzissen. Liegestühle luden ein, die warme Sonne zu genießen. Schlenderwege führten vorbei an den Palästen Kensingtons, entlang der Serpentine durch den Hyde-Park, bis wir bei Speaker's Corner anlangten, wo immer neue Redner aufs Podest stiegen, um ein paar Leute für ihre Ideen zu gewinnen.

Ob der Vater eben jetzt in der School of Economic Studies gegen den kostentreibenden „Autarkie-Unsinn" des NS argumentierte? Für eine offene Handelspolitik warb als sicherer Grundlage für ein europäisches Friedenskonzept? Meine Mutter hat zweifellos von dem kritischen Ton seiner Rede gewußt. Sie konnte auch die Gefahr einschätzen, in die sich mein Vater durch seine offene Sprache brachte. Aber sie schwieg über ihre Ängste und hatte mir wie mein Vater unbeschwerte Ferien zugedacht.

Auch die englischen Freunde meiner Eltern, Arthur Young, Mr. Stopford und Reinhold Schairer taten alles, um uns für „ihr" London zu begeistern. Einer nahm sich immer für uns Zeit, so daß meine Mutter und ich stets einen kenntnisreichen Begleiter bei uns hatten. Abends gehörte mein Vater aber mit zur Runde, und unsere Freunde strahlten, wenn sie ein neues Lokal für uns entdeckt hatten. Gehen wir heute abend chinesisch, indisch oder altenglisch essen? Nicht das Exklusive, das Exotische war bei uns Trumpf. Wir waren Schlichtheit und Beschränkungen so gewohnt, wie man es sich heute kaum noch vorstellen kann. Meine Eltern und ich fanden die Weltoffenheit Londons faszinierend. Erst abends, wenn die Eltern allein waren, hörte meine Mutter, wie schwierig es für meinen Vater war, seine Gesprächspartner von der Gefährdung der Freiheit zu überzeugen. Ich bewundere, wie meine Mutter an beiden Stimmungen – den Freuden der Tochter und den Sorgen ihres Mannes – gleichermaßen teilnahm; Kontraste, die ich damals nur ahnte.

Zweimal begleitete ich meine Eltern aufs Land. Unser erster Besuch, auf dem Landsitz von Sir Robert, sollte getarnt werden – meine Mutter und ich spazierten also gut sichtbar im sonnenbeschienenen, grünen Park. „And dances with the daffodils" – die Wordsworth-Zeile, eben noch in der Schule gelernt, wurde erlebte Anschauung. Noch heute kann ich das Bild von damals abrufen: unsere Freude an den weißgelben Blüten der Osterglocken, sanft zerzaust vom Wind, und unser beider Blicke auf das hinter Bäumen verborgene Haus, in dem mein Vater um das Verständnis des englischen Politikers rang.

Immer wieder ging es ihm darum klarzustellen, daß Großbritannien für die Erhaltung des Friedens aktiv werden müßte. (Seine Argumente finden sich so geschlossen im „Politischen Testament", daß ich sie später im Zusammenhang darstellen möchte.) Sehr energisch muß er Vansittart außerdem auf die Notlage der Juden und der christlichen Kirchen hingewiesen haben. In den X-Documents heißt es:

„... he is greatly perturbed that there is not yet in evidence any strong reaction throughout the democracies, in the press, the Church and in Parliament against the barbaric, sadistic and cruel persecution of 10 000 Jews in Germany. These poor creatures are driven like wild animals, with machine guns behind them, over the Rhine to Switzerland and over the Polish frontier. 10 000 of these people are in despair."

Und er verband die drastische Schilderung der Situation wiederum mit einer Aufforderung zum Handeln. A. P. Young schreibt:

„In discussing the persecution of the Jews X said he thought we should be more forceful in expressing our disgust of the Nazi methods. He even went so far as to suggest that we might tactfully indicate that if such practices continued it would make it exceedingly difficult for us to negociate those „life problems" which awaited solutions."*

Zwei Tage nach dem Besuch bei Vansittart besuchten wir Arthur Youngs Familie in Kennilworth, ihrem halbländlichem Zuhause. Die behagliche Teestunde auf der Terrasse des Young'schen Anwesens, mit Blick in die „greens" und auf das Schloß von Warwickshire, gehört zu den kostbaren Erinnerungen. Eigentlich zum letzten Mal haben wir dort meinen Vater in einem dieser Aufschwünge reinen Hoffens erlebt, die ihn so sehr auszeichneten.

A. P. Young erinnert sich: „Goerdeler seemed to shed some of his cares and, visibly carried away, enthused about the future when Hitler would somehow have been removed from the scene, ... we would

---

* Er ist tief beunruhigt, daß keinerlei Anzeichen einer heftigen Reaktion in den demokratischen Ländern zu entdecken seien; weder in der Presse, in den Kirchen noch im Parlament sei die barbarische, sadistische und grausame Verfolgung der Juden erwähnt.
Diese armen Wesen seien wie Tiere mit Maschinengewehren über den Rhein nach der Schweiz und über die polnische Grenze getrieben worden. Zehntausend dieser Menschen sind verzweifelt.
Im Gespräch über die Judenverfolgung sagte X, er habe erwartet, wir würden deutlich unsere Abscheu über die Nazi-Methoden ausdrücken. Er ging sogar so weit, vorzuschlagen, wir sollten durchblicken lassen, daß bei Fortdauer solcher Praktiken wir keine Möglichkeit sähen, mit Lösungen von „Lebensfragen" voranzukommen.

be able to pry him a return visit in Leipzig. He spoke of opera, of sightseeing and many other peacetime activities which he could not know he would never experience again."*

Als sich die beiden Freunde nach dem Tee zu einem Gespräch unter vier Augen zurückzogen, hatte die Freude wieder dem Tagbewußtsein weichen müssen. Bitter kommentierte mein Vater die zurückhaltende Reaktion des Auslands zum Anschluß Österreichs und meinte angesichts der heraufdämmernden Sudetenkrise: „Ein Diktator muß stets neues Wildbret auf den Frühstückstisch bringen, wenn er bestehen und überleben will. Diesmal ist es Österreich, das nächste Mal wird es die Tschechoslowakei sein, und so weiter und so weiter ..."

*

Pünktlich und präzise ist A. P. Youngs Gedächtnis, in einem Fall aber muß ich ihm widersprechen: in seinen Lebenserinnerungen versetzt mich der gute Freund meiner Eltern noch im Juni 1938 auf seine Hausterrasse. Tatsächlich mußte ich aber noch im April mein Pflichthalbjahr beim Reichsarbeitsdienst antreten, während meine Eltern in England bleiben konnten. – Obrotten, im ostpreußischen Samland, präsentierte sich grau in grau, Schneegestöber, Schmuddelwetter; auch sonst hätte der Ortswechsel und „Klimaumschwung" krasser nicht sein können.

Schon das ständige Zusammensein mit vielen begeisterten BDM-Mädchen war mir schwer erträglich. Noch belastender waren die verordneten ideologischen Erziehungsversuche. Deutsche Geschichte war mir in vorzüglichem Unterricht in der Schule vermittelt worden, und ich wollte später Geschichte studieren. Nun aber hatte ich eine Lektion nachzuholen, die mein Gymnasium nicht hatte vermitteln wollen.

---

* Goerdeler schien Sorgen abzuschütteln; sichtlich von einer Vision gefangen, schilderte er begeistert die Zukunft, wenn Hitler irgendwie gestürzt wäre ... Wir würden ihn dann in Leipzig besuchen können. Er sprach von der Oper, davon, uns die Stadt zu zeigen, und vielen anderen Unternehmungen in Friedenszeiten. Er wußte nicht, daß er sie nie mehr erleben würde.

Deutsche Geschichte in ihrem neuen Gewand stellte sich dar als eine Folge von Abwehrkämpfen des Germanentums gegen das Schwächliche und Zersetzende von „internationalem Judentum, Slawen und Westlern". Der Morgen begann, wie der Tag ausklang, mit einem „stärkenden" Lied unter der roten Fahne mit dem Hakenkreuz im Kreis. Weder vorher noch nachher habe ich so sehr unter der Isoliertheit von Altersgenossen, ja, unter dem Fremdsein in dem Volk gelitten, zu dem ich gehörte und doch nicht gehören wollte. Meine Eltern haben mich nicht gleich verstanden. Mein Vater, der seinen Kindern häufig schrieb, betonte, daß mir die körperliche Arbeit an der frischen Luft gewiß guttäte, auch wenn mir die Trennung ebenso schwerfalle wie ihnen, den Eltern. Für einen jungen Menschen sei es wichtig, selbständig zu werden, sich im Zusammenleben mit Gleichaltrigen zu bewähren und auch das harte Leben und die Arbeit der Bauern kennenzulernen. Erst als mich die Eltern im Juni besuchten, begriffen sie, daß ich die „gesunde bäuerliche Arbeit" bei mißmutigen Siedlerfrauen zu absolvieren hatte und das Zusammenleben in der „Gemeinschaft" nur Fremdheitsgefühle erzeugte. Da habe ich dann keine belehrenden Briefe mehr bekommen, sondern – am Rande vermerkt – hieß es bald: „Nun hast Du mehr Tage hinter Dir als vor Dir!"

In den ersten Augusttagen verbrachten die Eltern Ferien im nahegelegenen Sommer-Domizil in Rauschen. Als ich ihnen aus dem Krankenrevier unseres Lagers von einer Blinddarmreizung schrieb, kamen sie sogleich herbeigeeilt. Meine Mutter entdeckte als erstes auf dem Nachttisch die Krankenkost: rohe Johannisbeeren und Schwarzbrot. Empörung bei den Eltern – in solchen Verhältnissen konnte man „das Kind" nicht lassen! Da mußte – typisch für meinen Vater – eingegriffen werden. Umgehend wurde bei der Lagerführung meine Einweisung in ein Königsberger Krankenhaus erwirkt. Zwei Tage später lag ich, frisch operiert, matt aber selig, und für mich allein in einem Krankenzimmer.

Als meine Eltern mich besuchten, ahnte ich nicht, daß sie gerade in diesen frühen Augusttagen noch viel schwerwiegendere Sorgen hatten als die Krankheit ihrer Tochter. Denn inzwischen hatte sich die Sudetenkrise angebahnt, und Vansittart hatte A. P. Young in geheimer Mission nach Rauschen geschickt, um Goerdelers Einschätzung der Lage zu erfahren. Mir waren die Eltern zugewandt wie immer, nichts verriet, wie brisant die Situation geworden war. Erst nach meiner Rückkehr ins Arbeitsdienstlager im September schloß ich aus Andeutungen, daß es diesmal um mehr ging als um die Londoner Kontakte: ein Umsturz schien denkbar. Was ich damals nur ahnte, ist heute durch Dokumente belegt: mein Vater war in die Umsturzpläne des Militärs eingeweiht und für wichtige politische Aufgaben vorgesehen. Aus Sicherheitsgründen hatte er sich in die Schweiz begeben, um in einer kritischen Umbruchsituation dem Zugriff der Gestapo entgehen zu können.

Die in jenen Tagen weit verbreitete Furcht vor einem Krieg wäre sicher eine günstige psychologische Voraussetzung für den Erfolg des Umsturzes gewesen: erfolglose Diktatoren werden fallengelassen. Sogar in unserem Arbeitsdienstlager war etwas von dieser allgemeinen Angst zu spüren. Bei meiner Rückkehr aus dem Krankenhaus fand ich die Atmosphäre sehr verändert. Der übliche Frohsinn, die Gewißheit, in einer herrlichen Zeit zu leben, war einem Gefühl der Bedrücktheit gewichen. Sogar die Führerin begann, den „Fremdsender" Straßburg zu hören – was bald schon unter Todesstrafe gestellt wurde. Ich selbst geriet in immer größere Unruhe und Angst: im fernen Ostpreußen konnte ich so schnell von den Eltern abgeriegelt werden. Wie erleichtert war ich da, als mein Vater mir zwei Postkarten aus Zürich mit beruhigenden Nachrichten schickte. Sie sind 1944 den Beschlagnahmungen entgangen und liegen jetzt vor mir. Die harmlosen Fotos vom „Bauschänzli" und dem „Kirchli von Wytikon" kaschieren die dramatische Botschaft der Karten:

„Ich treibe hier sehr interessante Studien. Die Menschen sind netter als vor 10 Jahren, sehr viel ernster. Alle haben gelernt. Ungeheure Spannung. Ich denke nicht, daß Krieg kommt." (13. 9. 38)
Und fünf Tage später: „Wie schnell vergeht die Zeit; in 12 Tagen

scheidest Du aus Deiner Kameradschaft aus … Ich wünsche Dir noch schöne Tage. Zur Besorgnis, daß Krieg kommt, liegt kaum noch Veranlassung vor." (18. 9. 38)

Worauf gründete sich diese Zuversicht meines Vaters? Er setzte wohl auf die Bereitschaft Englands und Frankreichs, den Bestand der Tschechoslowakei zu schützen. Über A. P. Young, von London zu ihm geschickt, drängte er auf unverzügliche Einberufung des britischen Parlaments zu einer öffentlichen Erklärung, die den Druck auf Hitler hätte verstärken sollen. Eine schwere diplomatische Niederlage Hitlers oder seine Kriegsentschlossenheit würde die „Antikriegspartei" des deutschen Offizierskorps zum Handeln bewegen.

Aber die Zuversicht war auf Sand gebaut. Im Münchner Abkommen gaben Chamberlain und Daladier am 29. September 1938 Hitlers Forderungen nach – ohne Rücksicht auf die Tschechoslowakei.

Meines Vaters Zorn über diese Nachgiebigkeit braucht drastische Worte, um sich Luft zu machen: „Es ist eine phantastische Illusion", schreibt er am 1. Oktober an A. P. Young, „einen dauerhaften Frieden auf einen Pakt mit dem Teufel zu gründen." Noch einmal trafen sich Young und Goerdeler in Zürich. Ein von enttäuschten Hoffnungen erschöpfter Mann verabschiedet Young am Bahnhof. Young sucht nach Worten der Ermunterung für den Freund: „Remember always we shall win the last battle."

Sechs Jahre Später, im Gefängnis, hat mein Vater den Satz noch im Gedächtnis bewahrt und sendet ihn als Vermächtnis an meine Mutter mit der Bitte, ihn nach seinem Tode Arthur P. Young zu vermitteln.–

Goerdelers Befürchtungen, in Zürich noch dringlicher formuliert, ein Zurückweichen vor Hitlers Drohgebärden würde den Frieden eher unsicherer machen, sind wahr geworden. Chamberlain hielt an seiner „Appeasement"-Politik fest und hatte, auf Kosten der Tschechoslowakei, so weitgehende Zugeständnisse gemacht, daß sich Hitler in seiner Expansionspolitik geradezu bestätigt fühlen konnte. Die Beilegung der Krise war also nur ein kurzer Aufschub. Ein teuer erkaufter Aufschub noch dazu, denn die „Rettung des Friedens" konnte der Führer und Reichskanzler innenpolitisch natürlich als großen Erfolg buchen. Welch eine Stimmung der Erleichterung, ja, der Begeisterung nach den Wochen des Bangens und der Furcht!

In einem solchen Klima ließ sich ein Umsturz kaum noch durchführen, er wäre auf zu großes Unverständnis gestoßen. So überlagerte bald die Sorge vor der Zukunft alle Erleichterung über den vermiedenen Krieg: dieser Friede war ein „fauler Friede". Nach der Münchner Konferenz schrieb mein Vater, sonst immer so hoffnungsvoll und tatkräftig, verzagt und ahnungsvoll:

„Die Entwicklung der letzten Wochen kann nur als sehr gefährlich bezeichnet werden. Eine ausgezeichnete Gelegenheit ist verpaßt worden. Das deutsche Volk wollte keinen Krieg; die Armee würde alles getan haben, ihn zu vermeiden … Das Ende der Leidenszeit des deutschen Volkes unter brutaler Tyrannei und mittelalterlichen Methoden ist weit hinausgeschoben worden … Eigentlich könnte ich nun sagen: immerhin vergrößert diese Entwicklung die Macht und den Lebensraum meines Landes. Als Deutscher sollte ich an sich sehr zufrieden sein. Ich weiß jedoch, daß diese Diktatoren nichts als Verbrecher sind … Der Hitlerismus ist Gift für die deutsche Seele."

*

Was hatte Carl Goerdeler „diesem Gift" entgegenzusetzen? Der Ruf nach Frieden und Verständigung allein, die Warnung, man habe es mit einem Verbrecher zu tun, konnte die verhängnisvolle Situation, in der sich Europa Ende der dreißiger Jahre befand, ja nicht aufheben. Mein Vater konnte, jedenfalls vor Kriegsbeginn, darauf bauen, mit einer Generalität im Einvernehmen zu sein, die Hitlers Großmachtphantasien ablehnend gegenüberstand. Das war sein Unterpfand. Andererseits mußte er aus einer relativ schwachen Verhandlungsposition heraus die nationalen Interessen eines „Deutschland nach Hitler" behaupten, denn anders hätte sich weder die Allianz mit dem Militär halten lassen – noch er vor sich selbst bestehen können.

Nach den Schrecknissen des Ersten Weltkrieges war nationalstaatliches Denken keineswegs überwunden. Die „Revision von Versailles" war in der deutschen Öffentlichkeit eine weit verbreitete Forderung – zu sehr war das nationale Empfinden durch diesen Vertrag verletzt worden. Auch mein Vater hatte, wie ausgeführt, seine Bestimmungen als ungeheuer kränkend erlebt. Aber er hatte sich in der Weimarer Zeit hinter die behutsame Außenpolitik Stresemanns und Brünings gestellt und voller Hoffnung wahrgenommen, daß auch bei den anderen Nationen ein Umdenkungsprozeß eingesetzt hatte. Großbritannien zeigte sich gegenüber deutschen Revisionswünschen zugänglich; Ausgleich und Verständigung schienen möglich, ohne deutsche Interessen preiszugeben.

Auf dieser Basis hatte mein Vater seine Gespräche mit seinen englischen Freunden geführt. Auf Veranlassung Ashton-Gwatkins, Wirtschaftsberater im Foreign Office, faßte er im Dezember 1938 noch einmal seine Wünsche und Forderungen in einem Memorandum zusammen, das anschließend von Arthur P. Young der britischen Regierung überstellt wurde. Wiederum bezeichnete er eine Korrektur der deutschen Ostgrenze als „deutsche Lebensfrage" – da dieses Memorandum nach der Konferenz von München entstand, ging es nicht mehr um das Sudetenland, sondern um die Beseitigung des „Polnischen Korridors" –; gleichzeitig forderte er die Rückgabe von Kolonien und gewisse wirtschaftliche Hilfen.

Seine territorialen Forderungen haben meinem Vater den Vorwurf eingetragen, für eine expansive Außenpolitik eingetreten zu sein. Manche Historiker wollen seine Vorschläge sogar in die Nähe Hitler'scher Eroberungspolitik rücken. Diese Deutung scheint mir völlig abwegig.

Sicher war mein Vater als Kind seiner Zeit auch an nationalstaatliches Denken gebunden. Daher hat er den „Korridor" niemals preisgeben wollen; er glaubte an Deutschlands historischen Anspruch auf dieses Gebiet und wollte Polen auf den Weg einer wiederzubelebenden Verbindung mit Litauen verweisen, um ihm den Zugang zur Ostsee zu sichern. Die deutschen „Lebensinteressen" den polnischen überzuordnen, glaubte er sich mit einer Unbedingtheit berechtigt, die ich nicht mehr nachvollziehen kann; allerdings bin ich mir der unterschiedlichen historischen Standpunkte bewußt.

Dennoch kann man nicht übersehen, daß es Goerdeler bei seinen territorialen Forderungen nicht um weiträumige Annexionen zum Ausbau einer deutschen Großmachtstellung ging, sondern um die Rückgewinnung weniger, überwiegend deutsch besiedelter Gebiete; um Revisionspolitik in konsequenter Fortsetzung von Locarno. Daraus ergab sich die Beschränkung der Zielsetzung, aber auch die Verpflichtung zu einer friedlichen, die Interessen der Gegenseite berücksichtigenden Lösung. Kein Wunder, daß mein Vater die durch Kriegsdrohung erpreßte Angliederung des Sudetengebiets ablehnte!

„... Ich bleibe also bei meiner Empfehlung, die deutschen Lebensinteressen jetzt erst recht auf dem Verständigungswege zu verwirklichen und insbesondere der Versuchung zu jeder abenteuerlichen Expansionspolitik zu widerstehen. Sie würde sich nach allen Beispielen der Geschichte, insbesondere der deutschen, in sich selbst als Verhängnis erweisen ...“

So schreibt mein Vater warnend wenige Tage nach der Konferenz von München, als der englische Premier glaubte, den Frieden für absehbare Zeit gesichert zu haben.

Sollte nicht aber auch die friedliche Revisionspolitik dem Deutschen Reich neuerlich eine hegemoniale Stellung in Europa verschaffen und die preußisch-deutsche Militärmacht wiedererstehen lassen? fragen die Kritiker. Mein Vater hat andere Vorstellungen gehabt.

Gewiß strebte er danach, sein Land wieder in den Kreis der maßgeblichen Großmächte zurückzuführen. Eben darum – als Zeichen der Ebenbürtigkeit – war ihm die Kolonialfrage wichtig, denn nicht nur Großbritannien und Frankreich, sondern auch die Niederlande, Belgien und Italien hatten in dieser Zeit noch Kolonien. Aber seine machtpolitischen Vorstellungen waren Teil eines Ordnungskonzeptes; es ging nicht um Herrschaft über Europa, sondern um Friedenswahrung in Europa.

Dem Weg kollektiver Friedenswahrung, beschritten zum ersten Mal mit der Gründung des Völkerbundes, hat auch mein Vater gehen wollen. Ausdrücklich kündigte er in den dreißiger Jahren die Rückkehr Deutschlands in diese internationale Organisation an, aus der Hitler-Deutschland ausgetreten war. Aber die bewährtere Methode der Friedenssicherung schien im Europa der Zwischenkriegszeit noch immer die traditionelle Macht- und Gleichgewichtspolitik zu sein. Stabilisierung von Krisengebieten und Garantie des Friedens durch Verständigung unter den führenden Nationen – dies etwa war das Konzept, dem sich nicht nur die Vorstellungen meines Vaters, sondern auch die Appeasement-Politik Chamberlains einfügte.

Beide Seiten werden in den kommenden Jahren ihr außenpolitisches Konzept verändern. Mein Vater selbst verweist in den Gefängnisschriften auf den Wandel seines Denkens: er habe im Umgang mit den anderen Völkern den „engen Nationalismus" seiner Jugendjahre abzustreifen gelernt. Ein Gedanke, der bereits in seinen Reiseberichten von 1938 anklingt, wird in den vierziger Jahren immer deutlichere Konturen annehmen: die Idee eines europäischen Staatenbundes, bestehend aus selbständigen, gleichberechtigten Nationen. Aber zur Zeit der Londoner Gespräche war der Europagedanke erst in Ansätzen vorhanden.

Warum erwies sich das traditionelle Konzept der Friedenswahrung in den dreißiger Jahren als brüchig? Das „Konzert der Mächte" war auf dem Boden gemeinsamer Moralbegriffe und allerseits anerkannter Verhaltensnormen entstanden. Vertragstreue, Verläßlichkeit im Umgang mit den Partnern und Bindung aller an das Recht waren unverzichtbare Voraussetzungen für das Funktionieren; eben sie waren nach der Machtergreifung Hitlers (und Mussolinis) nicht mehr gegeben. Mein Vater hat diesen Zusammenhang mit äußerster Schärfe gesehen.

„Die entscheidende Gefahr auch für die Außenpolitik bleibt die aus dem Totalitätsanspruch der Partei und dem Terrorsystem sich ergebende Recht- und Sittenlosigkeit", heißt es im Nachtrag zu der Denkschrift vom 3. Oktober 1938.

Daher setzte er seine ganze Kraft dafür ein, die britische Regierung vor Hitler als Gesprächspartner und Bundesgenossen einer europäischen Gleichgewichtspolitik zu warnen. Mahnende Worte richtete er nach der Konferenz von München auch an das Militär, den Adressaten der Denkschrift:

> „Es muß wieder eine klare Unterscheidung zwischen Krieg und Frieden hergestellt werden. Friedlicher Wettbewerb mit anderen Völkern ist nur möglich, wenn im Frieden bestimmte, internationale, durch Anstand und Recht ... anerkannte Spielregeln eingehalten werden. Ihre Wiederherstellung und Anwendung wird sich als die unerläßliche Grundlage erfolgreicher Außenpolitik erweisen. Versagt sich unsere Außenpolitik ihnen weiter, so wird sie trotz noch so großartiger Gegenwartserfolge unser Vaterland auch dem außenpolitischen Zusammenbruch entgegenführen ..."

Nur allzu schnell sollten sich seine prophetischen Worte erfüllen. Tragisch war, daß die antideutsche Stimmung, die sich nach dem Scheitern der Appeasement-Politik in Großbritannien Bahn brach, auch den deutschen Widerstand traf und seine Arbeit erschwerte. Es war nicht Schuld der Oppositionellen, wenn die Gespräche ins Stocken gerieten, ja nahezu versiegten. Bestimmt von Enttäuschungen, Vorurteilen und wiederbelebten Feindbildern, identifizierten viele englische Politiker Hitler und das NS-Regime mit ganz Deutschland, und die britische Regierung legte sich im Krieg auf die bedingungslose Kapitulation fest. Damit aber wurden auch die Friedenskonzepte des Widerstandes verworfen.

Wir Heutigen sollten uns nur nicht in unserem Urteil beirren lassen: traditionelle Mitteleuropapolitik und rassistische Großraumpolitik, unter deren Gewalt Völker unterdrückt und ausgerottet wurden, unterscheiden sich von Grund auf.

Das „Politische Testament"

Als mein Vater von seiner zweiten Englandreise zurückge-
kehrt war, schilderte er in der ihm eigenen Mischung aus
Ernst und Humor ein Erlebnis, das typisch und symptoma-
tisch war für die Schwierigkeiten deutscher Oppositioneller,
im Ausland Verständnis zu finden. Er hatte Sir Montagu
Norman, den Direktor der Bank von England, aufgesucht
und eine Analyse des NS-Systems vorgetragen. Der streng
konservative „Banker" habe ihn sehr kühl behandelt und
durchblicken lassen, in seinen Augen könne mein Vater kein
rechter Patriot sein, da er seine eigene Regierung im Ausland
anprangere ...

Mancher Leser wird sich tatsächlich fragen: wie konnte ein
echter Patriot, dessen Ehre sich mit der seines Vaterlandes
verband, im Ausland seine eigene Regierung kritisieren, sogar um Hilfe gegen sie nachsuchen? Wie konnte ein Mann,
dem an der Revision von Versailles so sehr gelegen war, ausgerechnet die außenpolitischen Erfolge und den Machtzu-
wachs des „Dritten Reiches" verwünschen? – Ich habe mich
zwar schon bemüht, die ethischen Grundlagen im Denken
meines Vaters und den Wandel seiner außenpolitischen Vorstellungen anzudeuten, aber authentischer als meine Auskunft ist doch die Antwort, die mein Vater im „Politischen
Testament" selbst gegeben hat.

Seine Auslandsrecherchen, die mehr und mehr zu einer
Aufklärungskampagne wurden, führten ihn im Herbst 1937
auch in die Vereinigten Staaten und nach Kanada. Er sprach
mit Fachministern der US-Administration, Diplomaten und
Industriellen, Ex-Präsident Hoover und Kanadas Minister-

präsidenten Mackenzie King – und mit deutschen Emigranten. An seinem Reisebericht, der sich wie gewohnt objektive Bestandsaufnahme zum Ziel setzt, fällt mir heute ein bitterer Ton auf, der sich doch sehr von der lebendigen Erzählfreude anderer Berichte abhebt. Meines Vaters Abneigung gegen dirigistische Maßnahmen, seine Vorbehalte gegen Keynes' wirtschaftspolitische Thesen und Roosevelts New Deal-Programm, kann wohl kaum für die Schatten verantwortlich gemacht werden, die sich auf seinem Gemüt abzeichneten. Ich glaube – und darin bestärkt mich das „Testament" –, im Sommer 1937, nach seinem Abschied vom Amt, dem geringen Erfolg in England, ist ihm die innere Verfassung Deutschlands in einer Deutlichkeit bewußt geworden, daß sie ihm zeitweilig als auswegslos erschien. Mein Vater, sonst so energisch und stabil, erlitt in den Staaten einen Herzanfall, der ihn für Wochen ans Bett fesselte. In jenen Tagen mag er die Schrift verfaßt haben, die uns heute als erstes größeres Dokument des Widerstands und seiner sittlichen Grundlagen bedeutend sein muß.

Seine Worte sind von Unruhe und Pathos, von Entsetzen und Hoffnung geprägt, sind Ausdruck eines Menschen, der sich in der Verantwortung fühlt und nicht weiß, ob er noch wird handeln können. Mein Vater hat seine Aufzeichnungen, seine erste gründliche Abrechnung mit dem Nationalsozialismus, Friedrich Krause anvertraut, dem ehemaligen Redakteur einer Leipziger Zeitung, der 1933 nach Amerika emigriert war. Er übergab die Blätter mit der Maßgabe, sie unter Verschluß zu halten, bis „er das Zeichen dazu (zur Veröffentlichung) geben würde oder wenn ihm etwas zustieße".

Goerdelers „Politisches Testament" konnte die Mitwelt nicht erreichen, weil eine Veröffentlichung meinen Vater und den Widerstand gefährdet hätte. Für die Nachwelt, die von dem (inzwischen vergriffenen) Text merkwürdig wenig Gebrauch machte, aber ergibt die „Versiegelung" den Vorteil, daß sie Goerdelers Ansichten in einer Fassung kennenlernt, die auf unerwünschte Mit-Leser oder die Adressaten keine Rücksicht nahm – und das war eine Ausnahmesituation. Bis zu seinem Tode mußte Carl Goerdeler stets bedenken, mit wem er sprach, seine Redeweise einem „Erwartungshorizont" anzupassen. Hier, in dieser Schrift, kommen wir ihm näher. Das Ineinander von kritischer Analyse, Zukunftssorge und Appell gibt viel von den Überzeugungen wie der impulsiven Redeweise meines Vaters wieder. Von seinem so irrigen Glauben an die Vernunft, von seinen Ängsten, die wahr wurden, und von Hoffnungen, die sich erst heute zu bewahrheiten beginnen. Das „Testament" stimmt den Grundton eines Denkens an, das sich – trotz manch neuer Einsicht – von den ersten Denkschriften bis zu den programmatischen Entwürfen der späten Kriegszeit treu geblieben ist.

„Die Welt ist offenbar geneigt, im Nationalsozialismus einen Erhalter wichtiger wirtschaftlicher Werte zu sehen. Noch verblüffender aber wirkt es, daß man sich über die moralischen Qualitäten und über die moralischen Gefahren dieses Systems nicht klar ist. Nachrichten dieser Art werden niemals auf den ersten Seiten der Zeitungen gebracht. Es interessiert kaum noch eine breite Schicht in der Welt, wieviel Geistliche in Deutschland im Gefängnis gehalten werden."

Der Selbsttäuschung der Welt über den wahren Charakter des Nationalsozialismus will mein Vater begegnen. Er fühlt sich verpflichtet, über die wirtschaftliche Unsolidität des Systems aufzuklären, das eben nicht als Muster von Krisenbewältigung gelten kann, als Handelspartner eben nicht in Betracht kommen darf, und er möchte – was ihm noch viel wichtiger ist – die verbrecherischen Tendenzen des Faschismus aufdecken. Die Gefahr, daß der latente Faschismus, der schon in vielen Ländern Wurzeln geschlagen hatte, kraft seiner wirtschaftspolitischen Manipulationen ausgreifen und andere Gesellschaften „anstecken" und schließlich den Weltfrieden bedrohen könne, hatte meinen Vater seit Jahren bedrückt und nun in Alarmstimmung versetzt. – Wie es zur Etablierung des nationalsozialistischen Regimes und zur Durchdringung der Gesellschaft „mit diesem Gift" in

Deutschland überhaupt kommen konnte, stellt mein Vater auf den ersten Seiten seiner Schrift dar.

„Für jeden Kenner deutscher Geschichte war unschwer vorauszusagen, daß sich im deutschen Volke nach dem Niederbruch von 1918 eine ungeheure Fackel nationalen Feuers entzünden mußte. Wer ein feines Gefühl hatte, sah dies schon 1920 in den Abstimmungen und in den Freikorps. Da das Diktat von Versailles die materielle Grundlage des deutschen Volkes ebenso tödlich getroffen hatte wie seine Selbstachtung und seine Vaterlandsliebe, so mußte derjenige die Seelen gewinnen, der vom Nationalbewußtsein aus wirtschaftlich alles versprach und außerdem noch in gewissen Handlungen zweifellos auch eine auf völkischem Solidaritätsgefühl beruhende Lösung sozialer Spannung verhieß ... Als 1930 Kanzler Brüning den Mut hatte, dem Volke zu sagen, wie und wo es stand, und als allererste Folgerung aus der Lage, aber auch als notwendige Voraussetzung für eine Befreiungspolitik den Ausgleich des öffentlichen Haushalts und der gesamten Wirtschaft erzwingen wollte, mußte ein schwerer Rückschlag in der Lebenshaltung von 95 Prozent der Bevölkerung einsetzen. Wenn in diesem Augenblick das Ausland die Lage nicht begriff und in schnellem Entschluß Unerträglichkeiten des Diktats beseitigte, dann mußten diejenigen Bewegungen im deutschen Volke anschwellen, die ihm wirtschaftliche Wunder verhießen: Der Nationalsozialismus und der Kommunismus. Nach dem Charakter des Deutschen war es nicht schwer, voraus zu erkennen, daß der erstere wesentlich stärker werden müßte als der letztere.“

So konnte der Nationalsozialismus durch wirtschaftliche Versprechungen Widerhall finden. Dennoch ist er nicht durch eigene Überzeugungskraft zur Macht gelangt. Er fand ehrgeizige Helfer, die ihn in den Sattel hoben, unterstützt durch den „politisch unfähigen“ Reichspräsidenten. „Ihr einseitiges politisches Urteil und ihr persönlicher Ehrgeiz machten sie damals blind; jedes Paktieren mit der sich regenerierenden SPD oder mit dem Zentrum erschien ihnen einfach undenkbar oder hätte ihnen nicht Ministerposten gebracht.“ – Als kompetenter Zeitzeuge ist uns Carl Goerdeler bereits in vorangegangenen Kapiteln begegnet. In seinen Schriften kreist sein Denken immer wieder um die Heraufkunft des Nationalsozialismus und um die unbegreifliche wie verhängnisvolle Tatsache, daß sich die Gesellschaftsschicht, der er entstammte, als so wenig moralisch immun erwies und die verantwortlichen Politiker in der Stunde, als es darauf ankam, versagten.

„Diese letzte Gelegenheit wurde 1932 immer wieder versäumt. Hindenburg war zu alt, um die Lage noch klar zu erkennen. Seine Berater aber haben eine verhängnisvolle Kurzsichtigkeit und Engherzigkeit, schlimmer aber noch, einen unverantwortlichen Ehrgeiz entwickelt ... Es ist dem vollkommenen politischen Versagen Hindenburgs zuzuschreiben, daß schließlich die Unfähigsten sich im Januar 1933 zusammenfanden, um die NSDAP in den Sattel zu heben ... Und nun beginnt das tragisch-komische Schauspiel, daß der neue Reichskanzler von seiner eigenen revolutionären Gefolgschaft in der Partei zu immer offenerem Spiel gegen die Männer gezwungen wurde, mit denen er doch einen Vertrag geschlossen hatte. Ihre Parteien und Organisationen verfielen der Auflösung und dem Bann. Sie selbst mußten gehen oder ihre Stellungen wechseln. Selbst vor dem letzten Vertragspartner, dem Generalfeldmarschall von Hindenburg wurde nicht haltgemacht. Am Tage zu Potsdam im März 1933 hatte man sein greises Gemüt, die monarchischen Kreise und die Reichswehr gewonnen. Die ahnungslose Masse der Gebildeten glaubte sich des heroischen Halts der Geistes- und Gewissensfreiheit und der Rechtssicherheit des friderizianischen Zeitalters nahe."

Noch 1937, als die Diktatur konsolidiert war und sich anschickte, die Nachbarstaaten zu bedrohen, glaubte Carl Goerdeler, ein Mann, der das Amt des Reichskanzlers innehatte, müsse „gezwungen" worden sein, die Parteien seiner „Vertragspartner" zu liquidieren. Daß das System verbrecherisch war, hatte er erkannt, in dem höchsten Repräsentanten des deutschen Staates den Urheber von Verfassungsbrüchen zu sehen, bereitete ihm noch Schwierigkeiten.

Die „Potsdamer Rührkomödie" (Meinecke), die Goebbels in der Garnisonskirche über der Gruft Friedrichs des Großen inszenierte, spekulierte auf das Traditionsbewußtsein vieler Deutscher und sollte die „nationale Revolution" in die Nähe konservativen Geistes rücken. Im übrigen war sie nicht mehr als eine – erfolgreiche – taktische Finte. Der Staatsakt, „der gar nichts legitimieren konnte" (Bracher), fand anläßlich der Reichstagseröffnung statt und war Auftakt für das Ermächtigungsgesetz. Daß man auch ohne „Legitimationsrahmen" auskam, hatte sich gezeigt und erwies sich auch künftig, wenn es darum ging, Juden und politische Gegner aus dem öffentlichen Leben auszuschalten.

„Wo sich Ordnung und Gesetz der Machtergreifung des Staates durch die NSDAP entgegenstellte, mußte die Revolution von unten eingreifen. Und sie tat es durch Demonstrationen, Mißhandlungen, Geschäftsschließungen, Verleumdungen, kurz mit allen Mitteln ... Mehr und mehr wurde die Revolution zu einem persönlichen Kampf um die Stellung. In ihm haben viele Menschen ihre Würde verloren", schreibt Carl Goerdeler 1937.

Und die Verbrechen blieben ungesühnt. Die Gewaltakte hatte er anfänglich für Auswüchse gehalten, die es einzudämmen gelte, jetzt erkennt Goerdeler den Terror klar als konstitutives Element des NS-Systems. Diese Gewalt würde vor nichts haltmachen, wenn sie nicht auf Gegengewalt stieße. – Bestürzend war für meinen Vater die Erfahrung, daß die Nationalsozialisten die Bereitschaft von Mitläufern nutzen konnten, die sich persönlich eine günstige Stellung bei den neuen Machthabern sicherten. Im gefügigen Opportunismus „haben viele Deutsche ihre Würde verloren" und „die Besten den Mut, sich den Ungesetzlichkeiten entgegenzustellen". Auch die deutsche Armee – „unpolitisch seit Jahrhunderten" – hatte durch Tatenlosigkeit der Stabilisierung des Systems gedient, die organisierten Morde bei dem sogenannten Röhm-Putsch kommentarlos hingenommen.

Die Hoffnung meines Vaters, die Trennung von Partei und Staat verteidigen, mit einem intakten Beamtenkörper den Machtanspruch der Nationalsozialisten zügeln und sie schließlich zurückdrängen zu können, auch diese Hoffnung war fehlgeschlagen.

In der Verwaltung „herrscht ein heilloses Durcheinander. Außenstehende können sich davon überhaupt keine Vorstellung machen" ... und „neben dem Staat versucht die Partei, das öffentliche Leben zu beherrschen ... Die Zuständigkeiten, die früher klar geregelt waren, werden dauernd geändert. Hat man sich heute zum Grundsatz der Selbstverwaltung bekannt, so beraubt man morgen Provinzen und Gemeinden wichtiger, organisch ihnen zufallender Funktionen. Die Folge ist, daß sich die Zahl der öffentlichen oder halb-öffentlichen Beamten und Angestellten um einige Hunderttausend vermehrt hat, daß das Geld des deutschen Steuerzahlers benutzt wird, um mit diesen Kräften irgend etwas zu tun, zumindest untereinander Krieg zu führen, und daß das moralische Bewußtsein, sowie die Verantwortungsfreudigkeit ebenso schnell verblassen wie der Mannesmut."

Beamtenstellen wurden nicht mehr nach Fachkenntnissen besetzt, sondern blieben Parteigenossen reserviert. Damit war die Gefahr heraufbeschworen: opportunistisches Verhalten auch der Beamten. Entfernung aus dem Amt drohte, wenn sie sich den Erwartungen der Partei nicht fügten. Unbestechlichkeit und Integrität, ja mehr noch: persönliches Verantwortungsbewußtsein, gehörten zu den wertvollsten, in zwei Jahrhunderten errungenen Traditionen.

„Der *preußische* Beamte war darauf erzogen, seinem Vorgesetzten zu gehorchen; aber er war auch verpflichtet, ihm gegenüber seine eigene Meinung unerschrocken zu vertreten. Beamte, die das heute noch wagen, kann man in Deutschland allmählich mit der Laterne suchen. Damit aber ist öffentliche Verwaltung unterminiert."

Schlimmer noch! Die Staatsspitzen haben sogar erheblichen Anteil an dieser Demoralisierung. Selbst die Minister, die über Fachkenntnisse und genügend Erfahrung verfügen, machten sich schuldig. „Sie lassen in ihrem Wirkungskreis Dinge geschehen, die sich mit Anstand, Wissen und Erfahrung nicht vereinbaren lassen." So tragen auch sie die Hauptverantwortung für die Zerrüttung des Berufsethos der Beamtenschaft. –

Der Boden allen sozialen Lebens, das Recht, ist schwankend geworden. Entsetzt muß mein Vater sehen, daß er nicht mehr Warner vor Gefahren, sondern Beobachter einer Katastrophe ist, die sich in seinem Vaterland abspielt:

„So befindet sich Deutschland in einem Zustand der Rechtlosigkeit, der moralischen Zersetzung ... Die Entwicklung ist zielbewußt darauf gerichtet, immer mehr Macht in den Händen der Polizei, einschließlich der Geheimen Staatspolizei (Gestapo), zu vereinigen ... Der Richter ist nicht mehr an klare Gesetze gebunden ... Nach einem neuen Strafgesetz kann jemand für Handlungen bestraft werden, die näher zu bezeichnen der Gesetzgeber (sich) keine Mühe genommen hat. Es genügt, daß der Richter findet, der Täter habe etwas Ähnliches begangen, was im Strafgesetzbuch verboten ist. Hier sind der Entwicklung des Rechtsbewußtseins in Volk und Richter alle Richtungsweiser genommen ..."

Wenn dem Richter Handhabe gegeben ist, nach Gutdünken zu urteilen, ist Willkür anstelle von Rechtssicherheit getreten. Andererseits könnte ein weiter Ermessensspielraum dem Recht in einem Gewaltsystem Nischen erhalten. Da die Partei aber Richtlinien verfügt und ihre Einhaltung kontrolliert, sind Richter, verleitet von Existenzangst, eher bereit, gegen ihr Gewissen zu handeln. – Der Verfall der Rechtssicherheit bedroht, so sieht es mein Vater, das eigentliche Fundament des Staates: Die Grundsätze der auf „allgemeinen Anstand aufgebauten Moral". In rhetorischen Fragen kennzeichnet Goerdeler den Verlust:

„Ist es richtig und anständig, die Mitmenschen durch Spitzel in ihrer Umgebung überwachen zu lassen?... Ist es anständig, Menschen, die man schädigen will, in Fallen zu locken?... Ist es anständig, auf Denunziationen hin Menschen zu verfolgen, ohne ihnen den Namen der Denunzianten mitzuteilen oder auch nur die Anzeige auf ihre Richtigkeit zu überprüfen?... Ist es anständig, Menschen, die eine Gewissenspflicht erfüllen, hierfür zu bestrafen; ist es anständig, die Menschen zu Lippenbekenntnissen zu zwingen?"...

Das Fehlen jeder öffentlichen Meinung verlege dem Richter wie allen Bürgern „allmählich den Weg zu klaren Erkenntnissen". Der Politiker Goerdeler war entsetzt über den Verlust jeglicher ethischer Normen im nationalsozialistischen Staat; der Humanist tief beunruhigt über den Zugriff der Ideologie auf die Seele jedes einzelnen Menschen. Er beobachtete sehr genau, daß schon das parteiliche Belohnungssystem zur Untreue gegenüber der eigenen Überzeugung verführte. Wer sich willig anpaßte, Gewissensbedenken zum Verstummen brachte, genoß oft Vorteile, sicherte manchmal erst dadurch seine Existenz. Noch gefährlicher aber war das Bemühen der Partei, Menschen für Anschauungen zu gewinnen, die eine völlige Abkehr von überkommenen sittlichen Vorstellungen bedeuteten: Menschen konnten nun zum Beispiel per Dekret als „lebenswert" oder „nicht lebenswert" eingestuft werden. –

Es muß schon im Krieg gewesen sein. Meine Eltern und ich machten einen Spaziergang – Gelegenheit zu ernstem Gespräch. Ich äußerte meine Betroffenheit, so vielen Menschen zu begegnen, die den Übeln des Nationalsozialismus nicht widerstanden. Mein Vater liebte es, schwierige Sachverhalte mit einfachen Beispielen klarer zu machen; ja, es war Teil seiner sozialen Einstellung und entsprach seinen volksaufklärerischen Ideen, der Intelligenz keinesfalls das Privileg einzuräumen, kraft rationaler Überlegenheit nun auch moralisch besser entscheiden zu können. So war es für ihn selbstverständlich, sich um eine anschauliche Antwort auf meine so einfache und so schwierige Frage zu bemühen.

„Stell dir die Bevölkerung eines Staates als ein Ganzes von etwa drei gleichen Teilen vor! Der eine Teil ist gewissenhaft und bemüht sich um rechtes Handeln, der andere Teil ist schwach und labil und leicht zum Unrecht verführbar. In der Mitte ist das unentschlossene, wankelmütige Drittel. Nun ist ganz entscheidend, wie sich die im Staate Maßgeblichen verhalten. Tragen sie dazu bei, Gewissenlosigkeit zu fördern und die Wankelmütigen für ihre Vorhaben zu gewinnen, kann es leicht gelingen, daß die unmoralischen Kräfte im Staat das Übergewicht erhalten. Anders, wenn die führenden Kräfte sich bemühen, das Gewissen der Menschen zu respektieren und der Freiheit zu verantwortlicher Entscheidung Handlungsspielraum geben. Dann werden auch im Staat die guten Kräfte die Oberhand gewinnen."

So lagen die Verhältnisse im NS-Staat aber nicht. Wer war noch bereit oder fähig, das vielfältig geschehende Unrecht überhaupt wahrzunehmen?

„Die Partei aber lebt dem Wahne, sie könne jeden Menschen, und wenn auch mit Zwang, dazu bringen, etwas Bestimmtes zu glauben und das Leben nach einer bestimmten Fasson zu führen.

Mit unausweichlicher Logik ist die Partei, wenn sie allein an der Macht bleiben will, gezwungen, nunmehr auch gegen den christlichen Glauben als solchen zu kämpfen. Der Kampf gegen einzelne christliche Kirchen war nur Vorbereitung und Verschleierung des wahren Kampfes. Dieser muß sich gegen das Christentum richten. Denn je weiter die Partei sich in den Widerspruch zwischen ihrem Wesen und dem Wesen des Menschen überhaupt verstrickt, um so mehr muß sie auch den letzten Richtspruch für sich verlangen über das, was gut und böse ist. Da sie klare Grundsätze hierfür nicht hat, so kann sie nur folgende Faustregeln aufstellen: „Gut ist alles, was dem Vaterlande nützt, und gut ist alles, was der Führer sagt."

Aber eins ist sicher. Die Ansichten darüber, was dem Vaterlande nützt, werden durchaus verschieden sein. Also ist diese Grundregel keine klare Regel mehr für das Verhalten des Menschen. So muß übrig bleiben als letzter Grundsatz der Religion der Partei: „Du hast zu glauben, was der Führer sagt und sagen wird."

‚Der Führer' wird in dieser „Religion" zur charismatisch überhöhten Bezugs- und Integrationsfigur. Viele Menschen glauben, daß ihm „ein besonderes Gottesgnadentum" eigne. Selbst die religiösen Grundbedürfnisse werden in den Dienst der totalitären Weltanschauung gestellt und mißbraucht.

„Entscheidend ist, nunmehr klar zu erkennen, daß der Nationalsozialismus gezwungen ist, wenn er als solcher an der Macht bleiben will, immer radikaler auf allen Gebieten, auch auf dem der Religion zu werden ... Jedes Druckmittel wird angewandt werden, um den einzelnen in die neue Religion hineinzuzwingen."

Und nun die Überlegung, wie dieser Zustand geändert werden kann:

„Niemand als das deutsche Volk selbst kann es aus diesem Zustande retten. Niemand anders kann es vor einem wahren Zusammenbruch bewahren. Angesichts der Entschlossenheit der NS Machthaber, in der Macht zu bleiben und hierzu jedes, auch das brutalste Mittel zu benutzen, hat das deutsche Volk einen schweren Leidensweg vor sich. Man soll in der Welt mit jeder Gewalttat und mit jeder Schrecklichkeit menschlichen Geschickes rechnen. Denn dieser Weg wird um so schrecklicher sein, weil der Nationalsozialismus es meisterhaft verstanden hat, zeitweise 80% des deutschen Volkes, ja eine ganze Welt zu täuschen."

Wir würden dem Gehalt des „Politischen Testaments" nicht voll gerecht, sähen wir in ihm nur eine Analyse der Entstehung und der katastrophalen Auswirkungen des NS-Regimes. Es ist mehr – Beschwörung, Appell, Hoffnungswille.

Mein Vater hat sein Volk und sein Vaterland geliebt. Zwischen den Zeilen spüre ich die starken Gefühle, mit denen er das öffentliche Geschehen begleitet; Sorge, Bestürzung, ja, Nicht-wahr-haben-Wollen brechen bei ihm, dem praktisch-politischen Menschen, immer wieder durch. Ganz zutiefst seiner Seele auch ein letztes Vertrauen in die moralische Qualität seines Volkes. So finden auch Widersprüche zusammen: das alles könne „nur zu einem furchtbaren Ende führen" – aber ausgeschlossen sei, daß sein Volk in seiner Gesamtheit verdorben werde,

„denn der einzelne Deutsche hat zu viele gute menschliche Eigenschaften, die sich diesem Gift überlegen zeigen werden … Eines Tages … wird es ein furchtbares Aufbäumen der gequälten und in ihrer tiefsten Würde verletzten Natur geben. Diesem Tage geht das deutsche Volk mit Sicherheit entgegen. An diesem Tage wird es nach außen schwach erscheinen. Aber es wird in Wahrheit seit Kriegsende niemals stärker gewesen sein."

Carl Goerdeler ist bereit, äußere Schwäche hinzunehmen, wenn sie die Konsequenz moralischer Stärke ist! Sein Patriotismus erschöpft sich nicht in nationalem Egoismus, sondern wurzelt in dem Verlangen nach Selbstachtung und Würde des eigenen Staates. Er beruft sich auf Gebote des ‚Anstands', „die natürlichen Gesetze für ein Zusammenleben von menschlichen Wesen", verbindlich für alle Völker.

„Und dann sollten die anderen Völker diesmal weiser sein als 1919. Sie sollten dem deutschen Volke die Lebensrechte gewähren, die es besitzen muß, um seelisch und materiell leben zu können. Sie sollen das aus eigener Klugheit tun, denn sie werden keinen besseren Friedensbürgen finden als ein zu seiner natürlichen Ruhe zurückgekehrtes Deutschland."

Alle Verantwortlichen sind aufgerufen, sich der Herausforderung der Zukunft zu stellen. Aus der Bedrängnis seiner Seele hat er zwei ganz entgegengesetzte Zukunftsvisionen: eine Zeit des Grauens, „die Welt muß mit jeder Schrecklichkeit menschlichen Geschickes rechnen", oder den Anbruch eines glücklichen Zeitalters. Der Weg kann in einer totalen Katastrophe enden oder zur Wohlfahrt und zum Frieden der

Welt führen. Alle Völker stehen an einem Kreuzweg. Wir wissen heute, welchen Weg die Geschichte nahm: Schrecken und Verbrechen wurden nicht aufgehalten; erst weit nach dem Kriege setzte Besinnung ein auf die Notwendigkeit zur Zusammenarbeit. Mein Vater gehörte zu jenen seltenen Mahnern, die schon damals den Ernst der Lage, aber auch die gegebenen Chancen erkannten.

„Hoffen wir, daß es nicht zu spät ist, wenn jetzt die Einsicht auch bei den anderen Völkern stark wird, daß das Leben der Völker besser auf Anstand, Kameradschaft und Gerechtigkeit abgestellt wird als auf Faustrecht ... Eine unparteiische, der Zukunft sich verantwortlich fühlende Staatsführung kann an die besten Traditionen des deutschen Volkes anknüpfen: Unbestechliche Gerechtigkeit, sichere Rechtspflege, Freiheit des Gewissens, freie Entfaltung der Persönlichkeit und Disziplin. Diese Kräfte in Verbindung mit einem weiten Ausbau der Selbstverwaltung in öffentlicher Verwaltung und Wirtschaft, verantwortlicher Selbstverwaltung auch der Arbeiter, wird die besten Kräfte im deutschen Volke freimachen ... Ein beruhigtes Europa, in organischer Entwicklung zu immer größerer wirtschaftlicher Einheit fortschreitend, bedeutet die Sicherung des Friedens und der Wohlfahrt der Welt. Dies muß das gemeinsame Ziel verantwortungsbewußter Völker und ihrer Führer sein.
New York, 1. Dezember 1937."

Friedrich Krause, der die Schrift meines Vaters in einer Reihe mit dem Titel „Dokumente des Anderen Deutschland" 1945, noch in den letzten Kriegstagen, in New York publizierte, ehrt seinen Autor, den er bereits aus Leipziger Tagen kannte, in seinem Nachwort:

„Goerdeler gehörte zu den vielen klar blickenden geistigen Menschen in Deutschland, die dem jahrelangen Trommelfeuer der Nazi-Schlagworte standhielten, die dem bequemen laissez faire nie nachgegeben haben, die sich ihre selbständige Meinung, fußend auf Erkenntniskritik, bewahrten, deren sittliches Weltbild von keinem der virulenten Nazi-Fäulnis-Bazillen angekränkelt wurde."

Beide, der liberale Emigrant und der „konservative" Patriot, sind sich einig: „Ohne Wiedergesundung Deutschlands gibt es keine Wiedergesundung Europas." Beiden Männern war sie Grundlage eines dauerhaften Friedens.

Morgenländische Reisen

Die Erfolge auf der Münchener Konferenz im Herbst 1938 hatten Hitlers Sturz oder einen energischen Versuch mit diesem Ziel vereitelt. Mein Vater begab sich wieder auf Auslandsreisen, die ihn dieses Mal nicht in die Zentren weltpolitischer Entscheidung (London, Paris, Washington), sondern in die Spannungsräume des Balkan führten, nach Bulgarien, Rumänien und Jugoslawien mit ihren noch immer schwelenden Nationalitätenproblemen, später in das östliche Mittelmeer, Brennpunkt rivalisierender Machtinteressen. Konnte das Deutsche Reich, seit 1936 an der Seite von Mussolinis faschistischem Italien, darauf rechnen – wie eine gängige NS-These lautete –, in Nahost Bundesgenossen gegen England zu finden? Konnte der strategische Kalkül der Nationalsozialisten aufgehen? Diesen Fragen auf den Grund zu gehen, war das erklärte Ziel seiner Reise.

Nebenmotive halte ich allerdings auch für möglich. Nach dem internen Fehlschlag und den außenpolitischen Enttäuschungen wird ihm Ablenkung willkommen gewesen sein, um seine geistigen und seelischen Kräfte zu regenerieren. Wie mein erster London-Aufenthalt bekam auch diese Reise einen halbprivaten Anstrich. Ich glaube aber nicht, daß mein Vater in erster Linie an „Tarnung" dachte, als er sich entschloß, seinen Sohn Christian wenigstens auf eine Teilroute mitzunehmen. Mein Vater machte sich noch immer Vorwürfe, seinem Sohn dringend zugeraten zu haben, gegen sein Gewissen den Fahneneid auf Hitlers Person abzulegen. Und da sich Christian in seinem Offiziersberuf geistig recht eingeengt fühlte, die unbeschwerten Monate in England und der

Schweiz begeistert genossen hatte, war mein Vater auf dieses „Trost- Geschenk" gekommen. Bei der bewährten Sparsamkeit von Vater und Sohn würden die Devisen auch für zwei reichen. Schwieriger war schon, den aktiven Offizier für zwei Monate Urlaub „loszueisen" – aber mein Vater unterhielt auch zu militärischen Instanzen intensive Kontakte …

Wir alle freuten uns, als Christian im Juni 1939 seinem Vater nachreisen konnte und bald die ersten fröhlichen Kartengrüße aus Libyen eintrafen. Ägypten, Palästina, Syrien und die Türkei waren die weiteren Ziele.

Heute lese ich die Reiseberichte meines Vaters mit neu erwachtem Interesse. War ich doch selbst in den letzten vier Jahren mehrmals in Ägypten und Israel und kann unsere Eindrücke vergleichen. Anlaß, Komfort und Standards von damals und heute machen die Distanz von über vierzig Jahren deutlich. Als ich, 63 Jahre alt, das erste Mal Ägypten und Israel besuchte, war ich unter meinen Bekannten bereits ein „Spätzünder": „Was, du warst noch nie in Israel!? Es sind doch nur vier Flugstunden." Mein Vater und mein Bruder waren noch Tage und Nächte mit dem Schiff unterwegs. – Freunde hatten mit Dia-Vorträgen meine Wißbegier gesteigert, manches vorweggenommen, Zeitung und Fernsehen mir längst Bilder und Grundwissen von den sozialen Verhältnissen, Spannungen und dem Entwicklungsstand dieser Länder vermittelt, damit Erwartungen, vermutlich auch Wahrnehmungsweisen vorgeprägt.

Natürlich hatte auch mein Vater Informanten. Aber er lernte sie erst vor Ort kennen, sammelte die meisten seiner Eindrücke unvermittelt und unmittelbar. Vielleicht deshalb wirken seine Beschreibungen auf mich noch heute so frisch und lebendig, schimmert die Freude am Selbsterlebten durch die alte Form der Sprache. Niemand im Bekanntenkreis meiner Eltern hatte derartig ausgedehnte Reisen in „ferne Länder" unternommen. Zwar gab es die Bildungsreisen der Begüterten, aber die Zeiten des Massentourismus waren noch nicht angebrochen, Blitzbesuche der Berufspolitiker mit ihren Beratergruppen noch besondere Ereignisse. In der

Welt meines Vaters hatte das persönlich erworbene Urteil seinen Wert.

In Kairo, Damaskus und Ankara sprach er mit hohen Ministerialbeamten und Emigranten wie Ernst Reuter und suchte auch die deutschen Militärattachés auf, um sich ein Bild von der politischen und wirtschaftlichen Situation zu machen. Gut möglich, daß ihn seine Freunde in England mit Empfehlungen versehen hatten, um sein Kontaktnetz zu erweitern. In Ägypten und Palästina sondierte mein Vater ja in britischen Einflußsphären; Ägypten war noch Königreich im Commonwealth, der Traum der Zionisten von dem „Einen Israel" als der Heimstätte aller Juden schien weit entfernt von seiner Verwirklichung. So gesehen sind unsere Reisen unvergleichbar. Eingeladen von Freunden, die jetzt in Israel und Ägypten leben, wollte ich Landschaft, Kunst und Kultur, die Menschen und ihre Lebensweise nur kennenlernen. Ich sammelte Eindrücke und Informationen nicht, um handeln zu können; mein Motiv war Lernenwollen, vermischt mit dem Vergnügen, das für uns Touristen kennzeichnend ist: sich, frei von Verantwortung, der bloßen Wahrnehmung zu ergeben.

Gar so schläfrig war mein Bewußtsein allerdings nicht. Zu wissen, daß ich eine Reise auch „wiederholte", in die Fußstapfen von Vater und Bruder trat, deren Erinnerungen mir bewußt waren, hat meine Aufmerksamkeit geschärft. Der diplomatischen Mission meines Vaters konnte ich nicht nachspüren, aber in einer sich verändernden Welt gibt es auch Konstanten. Es sind nur ganz wenige Bilder, von denen ich weiß, daß sie mein Vater, Christian und ich erlebten, als gäbe es ein Zugleich:

Der sich ins scheinbar Unendliche spannende Wüstenhorizont, Zauber und Drohung verbindend, die überraschend auftauchenden Oasen mit ihrem gefächerten und überlaubendem Grün, ihrer erquickenden Kostbarkeit, dem Wasser, hat uns gleichermaßen fasziniert. Die armen Maulesel unter zwei Reitern, mit Packtaschen oder getürmten Lasten, dauerten meinen Bruder wie mich; die fragenden Augen der Kinder, die elend gekleidet standen, haben meinen Bruder bewegt; vielleicht waren es die erstaunten Blicke ihrer Enkel, die mich berührten. Prächtig die Gewänder und lärmend der Handelseifer auf den Märkten und Basaren. Das spannungsreiche In- und Nebeneinander von europäischem Erfolgsstreben und orientalischem Sich-Ergeben war damals und ist heute Anstoß zum Nachsinnen.

Die Reiseberichte meines Vaters, seine politischen Anmerkungen wie die erlebnisgeprägten Skizzen und Notizen verdienten ein wenig mehr Aufmerksamkeit, als ich sie ihnen hier widmen kann. Einige „Kostproben" sollen den Leser mit der Wahrnehmens- und Erlebnisweise meines Vaters vertraut machen:

„Der Syrer neigt ganz dem heiteren Lebensgenuß zu. Schöne Gastlichkeit zeichnet ihn aus. Ich habe keine freundlicheren und fröhlicheren Menschen gesehen als in Syrien. Die Spannungen zwischen Christen und Mohammedanern treten ganz in den Hintergrund ... Es gibt kein lustigeres Bild als die auf den Feldern stehenden, auf hohen Pfosten eingerichteten Himmelbetten, in denen die Menschen in der guten Jahreszeit draußen schlafen und gleichzeitig ihre Felder bewachen. Dazu die bunten Gewänder der Frauen und Männer, ein freundliches Wesen und nur jene Anspannung, die eben notwendig ist, um den Lebenskampf zu bestehen."

Vom europäischen Überlegenheitsgefühl ist in diesen Berichten so gut wie nichts zu finden. (Nur im Palästina-Bericht hebt mein Vater, der Verbindungen zum zionistischen Judentum geknüpft hatte, die Leistungen der europäisch-jüdischen Einwanderer hervor.) Zurückhaltung im Urteil und Mahnung zur Toleranz sind in diesen Reiseberichten bezeichnend.

„Leider neigen wir Deutschen dazu, unser Wesen als Quelle des Urteils und als Grundlage eines Vergleichs zu nehmen. Wir müssen allmählich die Fähigkeit gewinnen, alle anderen Völker so, wie sie sind, und als Realitäten zu nehmen und sie uns nicht so zu erträumen, wie wir sie gern haben wollen."

So heißt es im Ägypten-Bericht. In den Schilderungen Libyens finden wir folgenden Abschnitt:

„Ist also die Überlegung, welche die Italiener dazu geführt hat, die Araber aus dem Steppengürtel in die Wüste hineinzudrängen, wo ihnen allerdings bessere Wasserverhältnisse geschaffen sind, durchaus zutreffend, so dürfte sie sich politisch nur ungünstig auswirken. Keine Entschädigung wird ausreichen, um dem Araber das Bewußtsein zu nehmen, daß er als Mensch zweiter Klasse behandelt ist und daß man ihm etwas genommen hat, was ihm gehörte. Ein europäisches Volk, das in irgendeiner Form Kolonien verwalten will, darf das rein rationelle Denken nicht übertreiben; denn das würde ja dazu führen, daß die überlegene Rasse die minder leistungsfähige versklavt. *(Anmerkung der Autorin: Die Begriffe Rasse und Volk wurden damals nebeneinander verwendet.)* Sklaverei aber wird von allen Völkern nur eine Zeitlang ertragen, oder schließlich mit dumpfer Energielosigkeit und minderer Arbeitsleistung vergolten. Wer sich die Folgerungen einer solchen Entwicklung klarmacht, wird zu der Weisheit kommen, daß man andere Rassen nach Möglichkeit nach ihrer Fasson selig werden lassen soll. Es wird auf lange Sicht, verbunden mit einer tragbaren Dosis europäischer Initiative und Schöpferkraft der zuverlässigste Weg sein, um die von der Natur dem Menschen in allen Breitengraden verliehenen Kräfte seinem Glück in dem bestmöglichen Umfange dienstbar zu machen. Italien wird bei der Fortsetzung seines Systems in Libyen in dem Augenblick schwere Stunden erleben, in dem es darauf ankäme, daß die Eingeborenen aus eigenem Instinkt und eigenem Interesse heraus hinter Italien treten müßten. Sie werden es, soweit ich mir ein Urteil bilden kann, nicht tun, nicht in Libyen geschweige denn in anderen Ländern."

„So wird das bisher auf meinen Reisen gewonnene Bild durch die Beobachtung in Syrien gestärkt. Es ist vollkommen falsch anzunehmen, daß wir aus gewissen Schwierigkeiten, die in der syrischen Entwicklung stecken und von Italien und der Türkei ausgehen, Nutzen ziehen können. Es ist sicher, daß im Falle eines Krieges Deutschlands mit England und Frankreich die Syrer gar nicht daran denken, Frankreich irgendwelche Schwierigkeiten zu machen, sondern sich immer gegen das mit Italien verbündete Deutschland wenden. Und es ist schließlich sicher, daß eine europäische Zusammenarbeit Deutschland und Syrien diejenigen Betätigungsmöglichkeiten eröffnet, die ihm heute immer wieder abgeschnitten werden, weil man sich nicht gegen den deutschen Handel, sondern gegen die deutsche Propaganda zur Wehr setzt."

Im Juli 1939 kamen unsere beiden Weltreisenden zurück. Sie waren ganz erfüllt von ihren Erlebnissen, erzählten gleichzeitig, so daß sich die Beschreibungen überkreuzten, brachten bunte Szenen ins Bild, Menschen, Märkte, Landschaften. Begeistert war vor allem Christian von dem großen Schlußerlebnis: Dem weiten Blick auf Istanbul von der Fähre, damals am Bosporus noch die einzige Verbindung zwischen Asien und Europa.

Auch von politischen Problemen war die Rede – wie hätte das bei uns anders sein können! Wir Daheimgebliebenen saßen um den runden Wohnzimmertisch und hörten zu. Christian würde am nächsten Tag zu seinem Offiziersdienst in Hamburg zurückkehren müssen. Wieder lag außenpolitische Spannung in der Luft: Danzig würde Hitlers nächstes Eroberungsziel werden, dann sicher Polen. – Plötzlich bricht es aus Christian heraus: „Wir wandern aus!" Die Welt sei so groß, wir könnten doch ohne diesen furchtbaren politischen Druck draußen leben. „Und wenn wir alle irgendwo auf dem Land hart arbeiten, schaffen wir es schon!"

Ich sehe noch das schmale Gesicht meines Bruders, bleich geworden von Erregung und Sehnsucht, sehe das helle, verstehende Lächeln meines Vaters als erste Antwort. Betroffen waren wir alle zugleich – von der Ahnung, Christians Idee würde sich als schöner aber unwirklicher Tagtraum erweisen. Der leidenschaftliche Ausbruch ihres sonst stillen und beherrschten Sohnes hat meine Eltern stark bewegt. Mein Vater, an rasche Entscheidungen gewöhnt, schwieg und dachte nach. (Kein Wort von: „Wir haben hier auszuhalten!" oder etwa: „Ich muß das Vaterland retten!") Über die Möglichkeit einer Auswanderung hatte er schon nachgedacht, wie der „Brief an einen amerikanischen Politiker" belegt.

Er hatte den Gedanken aber nicht wieder aufgenommen. Wie durch einen erhellenden Blitz war nun das Gemüt meiner Eltern aufs neue getroffen. Mein Vater, als der Hauptverantwortliche, mußte für sich und mit uns entscheiden: Sollte er den Weg des konspirativen Widerstands in Deutschland weitergehen oder – gefahrloser – im Ausland wirken? Dann wurde erwogen: Hätten die Eltern überhaupt die Möglichkeit, der großen Familie im Ausland eine Existenz zu sichern? Die Großmutter und den Onkel mit seiner Familie konnte man nicht zurücklassen. Gab es überhaupt irgendeine

Chance, für alle Einreisegenehmigungen zu erhalten? – Die Frage ‚Gehen wir ins Exil?‘ ist damals in vielen Familien verzweifelt durchgesprochen worden und oft fiel die Entscheidung falsch aus.

Ich kann schwer ausmachen, ob es die unüberwindlich scheinenden Hindernisse waren, die Christians sehnlichen Wunsch unerfüllt ließen, oder ob nicht doch alle Überlegungen und Gedankenexperimente rasch aufgegeben wurden, weil meines Vaters Verantwortungsgefühl für das Ganze den Ausschlag gab. Den Kampf für die innere Befreiung Deutschlands hat mein Vater nie einzig und allein für ein „höheres Allgemeinwohl" geführt; immer gehörte zu ihm die Hoffnung, uns Kindern ein glückliches Leben zu ermöglichen – und ein Leben ohne Freiheit, Frieden und Gerechtigkeit wäre nicht „glücklich" zu nennen gewesen. – Über ‚Richtig‘ und ‚Falsch‘ ist im geschichtlich gebundenen Rückblick schwer zu urteilen. Vater und Bruder wären am Leben geblieben, die Familie wie vordem unsere Zuflucht. Aber ob mein Vater noch er selbst gewesen wäre, den Selbstvorwurf hätte ertragen können, er habe sich aus der Verantwortung gestohlen, weiß ich nicht – aber ich weiß, daß es ihm unmöglich war, diese Entscheidung überhaupt zu treffen.

Christian hat seine Bitte nie wiederholt und seinem Vater zum Geburtstag am 31. Juli einen Reisebericht geschenkt. Er widmete ihn „Dem geliebten Vater und Lehrer".

Ein Netz entsteht – Ziviler Widerstand

Als mit dem Angriff auf Polen am 1. September 1939 der Zweite Weltkrieg ausbrach, war ich zu den Semesterferien in Rauschen bei meiner Großmutter. Es gab noch viele Urlaubsgäste, die den warmen Spätsommer genossen. Aber an diesem Tag war kaum ein Mensch auf den Straßen zu sehen. Bedrücktes Schweigen herrschte in den Geschäften, niemand wagte, sich zu dem Geschehen zu äußern. Worte des Bedenkens und der Furcht konnten von böswilligen Nachbarn leicht als „Defaitismus" ausgelegt werden und Verdacht auf politische Unzuverlässigkeit wecken.

Gewiß haben die Gegner Hitlers, die 1938 für den Fall eines Kriegsausbruchs zum Putsch bereit waren, die geringe Kriegsbegeisterung der deutschen Bevölkerung richtig eingeschätzt. Für den Tag des Angriffs auf Polen hat dennoch ein ähnlicher Plan wie 1938 meines Wissens nicht bestanden. Zum Erstaunen der deutschen Bevölkerung wie der Weltöffentlichkeit hatte Hitler den Überfall „blendend" durch den Deutsch-Sowjetischen Nichtangriffspakt vom 23. August abgesichert, das nationalsozialistische Regime sich nicht gescheut, sich mit der bislang als „Weltfeind Nr. 1" bezeichneten Sowjetunion zu verbünden, um gemeinsam Polen anzugreifen.

Bis zuletzt glaubten Hitler und Ribbentrop, daß die Westmächte, vor allem England, auch diesmal stillhalten würden. Als die Ultimaten abliefen und die Westmächte am 3. September tatsächlich den Krieg erklärten, erwuchsen der deutschen Bevölkerung noch einmal Ängste, die aber bald einem neuen Hochgefühl wichen. Die Westmächte hatten zwar zu ihren Garantien gestanden, Angriffe aus dem Westen aber blieben aus und damit auch der aus dem Ersten Weltkrieg gefürchtete Zwei-Fronten-Krieg. Aus dem Osten vernahm die Bevölkerung eine Siegesnachricht nach der anderen. Nun „bewährte" es sich, daß Goebbels so viel Wert darauf gelegt hatte, die deutsche Bevölkerung mit dem „Volksempfänger", dem Billig-Radio, reichlich auszustatten. Gebannt und stolz verfolgten unzählige Deutsche den unaufhaltsamen Vormarsch der deutschen Armeen in Polen. Nach knapp vier Wochen war der polnische Widerstand gebrochen, Waffenstillstand am 1. Oktober 1939 – Deutschland und die Sowjetunion teilten sich die Beute.

War das nicht eine großartige Sache? Wie hatte man zweifeln können, daß die deutsche Wehrmacht mit dem schwächlichen Slawenvolk fertig werden würde! Zwar gab es Stimmen, die von Verbrechen an der polnischen Bevölkerung wußten, aber entweder konnte man sie als Gerüchte abtun oder fand es „nicht so schlimm"; Polen galten vielen Deutschen nur als „Polacken", die man schon etwas hart anfassen durfte. Die ganze Wahrheit, die Ermordung der polnischen Intelligenz und menschenunwürdige Behandlung der Bevölkerung, wurde nicht bekannt, obgleich sich die Verbrechen ja nicht in der abgeschotteten Heimlichkeit von Konzentrationslagern vollzogen. Wollte man nichts erfahren?

Aus heutiger Sicht stellen sich die Reaktionen der deutschen Bevölkerung während der ersten vier Wochen des Zweiten Weltkriegs als ein modellhafter Vorgang dar, der sich bis 1941 mit kleinen Abweichungen wiederholt. Zunächst begleiten Furcht und Sorge den Beginn des Krieges, später werden die Ausweitungen auf immer neue Kriegsschauplätze bange Zweifel wecken. Aber sobald sich rasche Erfolge einstellen, sind die Beklommenheiten vergessen; Eroberungsrausch bemächtigt sich vieler Zeit-Genossen und nur wenige fragen, zu welchem Ende Hitler seine Feldzüge führen will, wieviel Unrecht besiegten Völkern angetan wird.

Ich selbst erlebte diese Wochen in begreiflichem Zwiespalt, der für NS-Gegner in dieser Phase des Krieges typisch war:

Aufatmen, daß Brüder und Freunde nach kurzer Zeit des Bangens außer Gefahr waren – Bedrückung über den Siegestaumel der deutschen Bevölkerung, die den Nationalsozialismus immer kritikloser bejahte und Hitlers weiteren Kriegsplänen noch argloser gegenüberstand. Und andererseits freute ich mich damals (ehe die umfassende Bedrohung privates Glück unmöglich machte) an meinem selbständigen Studentendasein. Mit großer Begeisterung hörte ich Otto Vosslers Vorlesung über die Anfänge der amerikanischen Geschichte, Hetzers Darstellung der Italienischen Renaissance und lernte bei Gadamer, die Fragen der Vorsokratiker nachzuvollziehen. Ich erschloß mir einen eigenen Bekannten- und Freundeskreis, verliebte mich und verlobte mich später. In den ersten Monaten des Krieges habe ich mich also nicht unaufhörlich um den Fortgang des öffentlichen Geschehens oder die politischen Aktionen meines Vaters gekümmert. Nur blieb mir der Kampf meines Vaters nie verborgen, selbst dann nicht, als sich seine geheime Arbeit immer mehr außerhalb unseres Leipziger Hauses abspielte.

Seit 1938 eine der maßgebenden Persönlichkeiten des zivilen Widerstandes, kann mein Vater während des Krieges Verbindungen mit anderen Widerstandsgruppen nur durch persönlichen Kontakt aufnehmen und erhalten. Aus Sicherheitsgründen wird kaum ein Treffen in der Leipziger Kapitän-Haun-Straße stattfinden. Bald wird die Großstadt Berlin die meisten „Schlupfwinkel" bieten. Ausgedehnte Reisen für das Wirtschaftsunternehmen Bosch innerhalb Deutschlands, nach Schweden und in die Schweiz, das neutrale Ausland, werden meines Vaters Verschwörer-Tätigkeit tarnen.

Nach der Rückkehr von der letzten großen Reise ins östliche Mittelmeer war mein Vater eng an seine Beraterfunktion bei der Firma Robert Bosch in Stuttgart gebunden und häufig dort. Formell war mein Vater für die Betreuung des Vermögens und der Firmenrechte im neutralen Ausland zuständig und hatte die Verbindung zu Berliner Behörden wahrzunehmen. Da Robert Bosch aber einer der entschlossensten Hitler-Gegner in Wirtschaftskreisen war, herrschte mindestens ein stilles Einvernehmen und Klarheit unter den Partnern, daß das „Hauptgeschäft" meines Vaters der Kampf gegen das nationalsozialistische Regime zu sein hatte. Robert Bosch, der liberale Demokrat, wollte ihn darin mit allen Mitteln unterstützen. (Zu bereitwillig wird heute oft vorausgesetzt, der „antifaschistische" Kampf habe ohne Beteiligung „der Kapitalisten" stattgefunden!) Er stellte nicht nur erhebliche Geldmittel für die Auswanderung inhaftierter Juden zur Verfügung, sondern finanzierte auch zum guten Teil den deutschen Widerstand. So gab er meinem Vater Gelegenheit und zeitlichen Spielraum, das Netz von Kontakten zu anderen Oppositionellen immer dichter zu knüpfen.

Stuttgart und der Kreis um Robert Bosch bedeutete meinem Vater allerdings weit mehr als eine nützliche Basis, seinen Kampf voranzutreiben. Ich erinnere mich gut, wie mein Vater stets gestärkt und hoffnungsvoll aus Stuttgart zurückkam. In kurzer Zeit hatte er dort nicht nur politische Gesinnungsgenossen, sondern auch warmherzige Freunde gewonnen. Ihre Namen: Hans Walz, Albert Fischer, Alfred Knörzer, Karl Eugen Thomä, Willi Schloßstein, Theodor Bäuerle u. a. sind mir noch im Gedächtnis, manche der Freunde habe ich nach dem Kriege kennengelernt, als sie uns in wirtschaftlicher Notlage tatkräftig halfen. Ein besonders freundschaftliches Verhältnis verband meinen Vater mit der Familie Bäuerle und Mariechen, der getreuen Haushilfe. Marianne Weber, die verschwiegene Sekretärin, stand ihm in Stuttgart für brisante Schreiben zur Verfügung. Heute habe ich durch sie einen kostbaren Text in Händen, eine für den Fall des geglückten Umsturzes ausgearbeitete Rundfunkansprache.

Stuttgart brachte nicht nur den Gewinn an klugen und herzlichen Beratern, es bedeutete für meinen Vater auch die Begegnung mit dem politisch beweglichen Geist und den Lebensformen des deutschen Südwestens überhaupt. Kindheit und Herkommen waren ja von seiner ostpreußischen Heimat bestimmt: hohe Moralität der Lebensauffassung und Pflichterfüllung schlossen das Wertgefühl in enge Grenzen ein, bewußte Kargheit der Lebensansprüche, manchmal etwas steife Umgangsformen gehörten wohl dazu. Zum Glück milderten bei uns die Klugheit der gefühlsstarken Mutter und das offene und freie Wesen des Vaters manche strenge Anforderung. Immer aufgeschlossen für neue Eindrücke, hat mein Vater an süddeutscher Lebensart, der spontanen Freundlichkeit der Menschen, ihrem Freiheitsbewußtsein großen Gefallen gefunden.

Die abwechslungsreiche, dicht besiedelte Hügellandschaft des Südwestens genoß er in ihrem Kontrast zu der planen Weite der ostpreußischen Heimat. Besonders begeistert war er von der Verbindung ländlicher mit moderner Industrie-Arbeit, die von Bosch sehr gefördert wurde. Viele Arbeiter wohnten auf eigenem Grund und Boden, erzählte er gern, hatten oft einen eigenen Weinberg, ein Stück Wiese oder kleine Äcker. Mir kommt des Vaters Freude an den Schrebergärtnern in den Sinn: die Verbindung zur Natur, ihrer lebendigen Ordnung und ihren Herausforderungen, erschien ihm – wie den „Stuttgartern" – als ein wichtiger Gegenpol zur Arbeit in der Fabrik. Die durch die Bedingungen der Massenproduktion gegebenen Abhängigkeiten und Normierungen sah er durch Selbständigkeit und Initiative, den Stolz „auf das Eigene", auf glückliche Weise ausgeglichen.

Auch im schon vertrauten Berlin erschloß sich während des Krieges meinem Vater eine neue Verbindung, die politisch vielleicht noch folgenreicher sein sollte: Der Kontakt zu Jakob Kaiser, Wilhelm Leuschner und Max Habermann, den Gewerkschaftsführern. Als ich nach dem Krieg von Jakob Kaiser erfuhr, daß er meinen Vater erst 1941 persönlich kennenlernte, war ich sehr erstaunt. Nach meiner Erinnerung mußten sie sich schon viel länger gekannt haben, denn nur wenige Namen habe ich zu Hause so oft und in so freundlich-vertrauensvollem Sinn gehört wie den Jakob Kaisers. Die Beziehung der beiden Männer entwickelte sich rasch zu persönlicher Freundschaft und enger politischer Zusammenarbeit, die sie mit den beiden anderen Spitzengewerkschaftern und Joseph Wirmer verband. Jakob Kaiser war einer der wenigen, die nach dem mißglückten Attentat vom 20. Juli 1944 untertauchen konnten und überlebten, obgleich er einer der wichtigsten Konspirateure war. Als er mir begegnete: lebhaft, gütig, Nachdenkliches mit Praktischem verbindend, schlicht und doch selbstsicher, habe ich sehr gut nachvollziehen können, daß sich mein Vater mit ihm nicht nur gut verstand, sondern auch auf seinen Rat hörte.

Es mag meinem Vater in Berlin nicht anders gegangen sein als in Stuttgart: die neuen Kontakte bedeuteten ihm mehr als „gute Beziehungen", waren nicht bloß nützliche Verbindungen zu einflußreichen Persönlichkeiten. Die psychische Belastung im Widerstand verlangte nach seelischem Halt. Belastend wirkte nicht allein die innere Not, dem Zusammenbruch und Verfall des eigenen Staates ohnmächtig zuzusehen. Auch das Gefühl wollte ertragen sein, daß man in der Gesellschaftsschicht, der man sich zugehörig fühlte, oft isoliert war, „befremdet" unter kritiklosen Bekannten, denen man nicht offen die Meinung sagen konnte. Wohl gab es meist Halt innerhalb der engsten Familie – ich kenne viele Frauen, die selbstverständlich und ohne Selbstmitleid das gefährliche Tun ihrer Männer mittrugen. Aber wer verspürte nicht das Bedürfnis nach Austausch auch über die eigenen vier Wände hinaus! Der Nationalsozialismus „schied die Geister". Seine Willkürherrschaft, die Bedrohung der Freiheit, die Verfolgung der Juden und Andersdenkenden mußten jeden sensiblen Menschen zur Stellungnahme herausfordern. Der gesellschaftliche Verkehr mußte an Sicherheit einbüßen, wo Alltagsgespräche mit Fallen gespickt waren, auf Zwischentöne, Nebensinn gelauscht wurde. Risse und Brüche, die sich in der Leipziger Gesellschaft wie überall nach der Machtergreifung angekündigt hatten, wurden endgültig.

War schon die seelische Situation der Konspirateure angespannt genug, die äußeren Bedingungen, unter denen sie agierten, waren es nicht weniger. Der nationalsozialistischen Führung war es in anderthalb Jahren gelungen, einen Überwachungs- und Spitzelapparat aufzubauen, der jede politische Opposition ausschalten wollte. Helmuth James von

Moltke schildert einem englischen Freund treffend und durchaus ohne Dramatisierung:

„Kannst Du Dir vorstellen, was es bedeutet, als Gruppe zu arbeiten, wenn man das Telefon nicht benutzen kann, wenn Du die Namen Deiner nächsten Freunde andern Freunden nicht nennen darfst aus Angst, daß einer von ihnen erwischt wird und die Namen unter Druck preisgeben könnte?"

Wie man nicht miteinander telefonieren konnte, weil man fürchten mußte, abgehört zu werden, konnte man einander ohne Verschlüsselung nicht schreiben, da man mit Öffnung der Briefe zu rechnen hatte.

Während des Krieges wurden konspirative Kontakte immer gefährlicher. Schon die Weitergabe ausländischer Radio-Meldungen wurde unter Todesstrafe gestellt. Die „Feind-hört-mit"-Hysterie begünstigte Denunziantentum, die Geheimpolizei verfeinerte ihre Techniken, und schließlich wirkte auch die Angst hemmend. So wurde etwa bei uns während der täglichen BBC-Nachrichten aus London ebenso wie bei politischen Gesprächen ein dickes Kissen über das Telefon gestülpt – Furcht vor Abhörgeräten. Noch gefährdeter war das Zusammentreffen aktiver Oppositioneller, standen doch viele von ihnen – vor allem die Sozialisten – unter regelmäßiger Beobachtung.

Wie konnte es dann überhaupt zu dem kommen, was wir mit einem zu weiten und darum ungenauen Begriff „Widerstandsbewegung" nennen? Ich will eine Antwort versuchen, muß aber betonen, daß ich nur eine Rekonstruktion anbieten kann und mich weithin auf die Erinnerungsarbeit anderer Zeitzeugen stützen muß. Denn 1939 war ich zwanzig Jahre alt, zu meinem Schutz von den meisten Informationen abgeschirmt.

Gewiß ist die aktive Widerstandsbewegung in Deutschland nicht als Volksbewegung entstanden, wie es teilweise in den besetzten Gebieten war. Eine Organisation mit geregelten Kompetenzen läßt sich auch nicht ausmachen. Wie hätte sie vor Augen und Ohren der Gestapo entstehen sollen? Zunächst gab es nur unabhängig von einander bestehende kleine informelle Gruppen von Gleichgesinnten. Oft waren es ursprünglich Verwandte oder Freunde – miteinander verbunden, bevor sie sich über Ansichten und Absichten einigten. Ich denke an die Familie Bonhoeffer, meinen Vater und seinen Bruder Fritz mit ihren Freunden, an die Stauffenberg-Brüder oder an die Geschwister Scholl mit ihrem Freundeskreis.

Außer Verwandtschaft und Freundschaft haben auch gemeinsame berufliche Erfahrungen, die man mit Willkür und Unrecht des nationalsozialistischen Regimes machte, Menschen verbunden, Beamte des Auswärtigen Amtes, Offiziere, Professoren, ehemalige Führungskräfte der Kommunen, Kirchenmänner und Gewerkschafter. Menschen, die zu den Verfolgten „der ersten Stunde" gehörten, die Gewerkschafter und alle Sozialisten, neigten schon traditionell zu organisiertem Zusammenschluß; nicht so die Exponenten bürgerlicher Schichten. Führende Sozialisten und Gewerkschafter aber waren durch den Nationalsozialismus besonders bedroht, ihre Organisationen zerschlagen; kaum einer, der nicht für längere Zeit verhaftet und im Konzentrationslager war und nach der Haftentlassung mit scharfer Observation rechnen mußte. So waren auch sie auf Kleingruppen ohne übergreifenden organisatorischen Apparat und auf Kontakte durch einzelne Personen angewiesen.

Meine Erinnerungen und analytischen Ansätze wären fragmentarisch, kämen mir nicht die Aufzeichnungen Elfriede Nebgens, der politischen Vertrauten von Jakob Kaiser, zu Hilfe. Ihr verdanken wir eine Schilderung, wie die Kontakte zwischen Goerdeler und den Gewerkschaftsführern zustande kamen:

„Nach Kaisers Entlassung aus dem Gefängnis (Herbst 1938) waren die Sorgen um Hitlers Politik der Gewalt ständig gewachsen ... Aber zu dieser Zeit arbeitete dieser Kreis ... – abgesehen von den genannten Freunden und von der Verbindung mit Hammerstein – noch ziemlich isoliert, so daß Hammerstein die einzig enge Verbindung zur Wehrmacht war. Aber man wußte immerhin schon von weiteren bedeutsamen Widerstandskreisen. Robert Lehr in Düsseldorf, mit dem Kaiser im Westen immer wieder zusammenkam, hatte schon einige Male angeregt, Kaiser solle doch endlich Verbindung mit Goerdeler suchen. Er mahnte nach Kaisers Entlassung aus dem Gefängnis ... besonders dringlich und betonte dabei die oppositionelle Haltung Goerdelers gegen Hitler, wies auf seine ausgedehnten Reisen hin, seine häufigen Aufenthalte in Berlin und auf Berichte von Kaisers Tätigkeit, die er selbst Goerdeler schon gegeben habe. Aber die dramatische außenpolitische Entwicklung nahm Kaiser zunächst gefangen. Es lag ihm immer wieder an eingehenden Gesprächen mit Hammerstein über die Haltung der Wehrmacht ..."

Der von Elfriede Nebgen beschriebene Vorgang ist als typisch zu bewerten und gilt ähnlich für andere Gruppen. In der Auseinandersetzung mit dem Nationalsozialismus beginnt sich ein Netz von Kontakten zwischen denen zu bilden, die auf Abhilfe sinnen; die berufsbezogene, politisch „naturgewachsene" Verbindung der Gewerkschafter erweitert sich zunächst durch bewußt gesuchte Beziehungen zu den Führern ehemaliger Arbeiterverbände. Es entsteht ein wichtiger „dicker Knoten" in einem Netz verzweigter weiterer Verbindungen. Als Lehr rät, eine Verbindung zu Goerdeler zu suchen, wird ein Faden zu einem anderen „dicken Knoten" gesponnen. – Treffen großer Gruppen waren in dieser Zeit unmöglich. Letztlich verließ man sich aufeinander und nur einzelne aus der Gruppe stellten die Linie zur nächsten Gruppe her.

Daß es „für den Ernstfall" einen Carl Goerdeler gab, wird Jakob Kaiser zunächst nur erleichtert haben. Auf Lehrs Urteil konnte er sich verlassen. Düsseldorfs und Leipzigs ehemalige Oberbürgermeister kannten sich schon seit ihrer gemeinsamen Arbeit im Deutschen Städtetag und als Mitglieder der DNVP, zu der sie, wenn es darauf ankam, Distanz zu halten wußten. („Ich habe mein Amt weder aus den Händen einer Partei empfangen noch mich einer Partei gegenüber irgendwie in der Ausübung dieses Amtes verpflichtet", schrieb Lehr am 17. 3. 1932 an meinen Vater, von dem er wußte, daß er genauso dachte.) Erst als sich 1941 der Krieg in Rußland in die Länge zog und neue Überlegungen für einen Umsturzversuch entstanden, suchte Jakob Kaiser die Verbindung zu Goerdeler. Elfriede Nebgen schildert die erste Begegnung:

„Es war Jakob Kaiser, der Ende 1941 in einem Gespräch mit Leuschner nunmehr auf die Notwendigkeit hinwies, endlich die Verbindung mit Goerdeler herzustellen. Leuschner wollte sie durch eine Mittelsperson – er dachte an Hermann Maass – schaffen. Als das nach einigen Tagen gelang, Kaiser aber erfahren hatte, daß Goerdeler vor einem neuen Berlin-Aufenthalt in seinem gewohnten Hospiz am Askanischen Platz stand, schrieb er einen kurzen Brief an Goerdeler, den ich am gleichen Abend noch in seinem Hotel abgab. Goerdeler meldete sich am anderen Morgen. Nach unmittelbar anschließender erster Begegnung mit Kaiser im Hospiz am Askanischen Platz kam es am nächsten Abend zur Zusammenkunft Goerdeler, Leuschner und Habermann in der Wittelsbacher Straße.

In temperamentvollem Austausch wunderte man sich auf beiden Seiten, daß man so viel Zeit hatte vergehen lassen, ehe man zueinander fand, zumal sich zeigte, wie unbändig Goerdeler von dem Willen zur Überwindung Hitlers bewegt war. Das Bewußtsein, daß den Gewerkschaftsführern in Goerdeler ein Mann konservativer Richtung gegenübersaß, fiel bei der Erkenntnis seiner Vitalität, seines Widerstandswillens zunächst kaum ins Gewicht, auch bei Leuschner nicht, der die Verbindung ebenso begrüßte wie die beiden anderen Freunde. Bei Goerdeler schien vor allem die Tatsache Gewicht zu haben, daß die Verbindung mit den Männern der Arbeiterschaft weitere Gewähr für die Stärkung des Widerstands bedeutete. Der gleichen Überzeugung waren die Gewerkschaftsführer."

Hier sprechen Freude und Erleichterung, einen Mitstreiter gefunden zu haben, einen Partner von gleicher Gesinnung und starkem Willen, den Kampf gegen Hitler fortzusetzen – Nuancen, Gegensätze in den politischen Vorstellungen spielten da kaum eine Rolle. Jeder entschlossene Widerstandskämpfer befand sich in einer Grenzsituation; der ganze Mensch war gefordert, oft über das Maß seiner Kraft hinaus. Meinem Vater ist es gelungen, kontinuierlich, nicht nur in besonders kritischen Phasen, Gefährten zu finden, die einander ermutigten. Freundschaft bot oft den einzigen Halt bei dem Versuch, sich dem übermächtigen Sog des Geschehens entgegenzustemmen. Mir scheint, gerade bei der Beurteilung des Widerstandskampfes wird von manchen Historikern die Rolle der historischen Persönlichkeit unterschätzt; man rechnet allzusehr damit, aus der Zugehörigkeit zu einer sozialen Schicht auf die Motive politischen

Handelns rückschließen zu können. Wird man damit der aufbegehrenden Spontaneität gerade in einer solchen Grenzsituation gerecht?

Andererseits versteht es sich von selbst, daß effektives Handeln nur in der Zusammenarbeit von Gruppen möglich war. Vergewissern wir uns also, wie die Gruppen aussehen, die sich hier zusammenfinden. Den Kreis der Gewerkschafter beschreibt Elfriede Nebgen als jederzeit erweiterbar:

„Wenn hier vom ‚Goerdeler-Kreis' gesprochen wird, so ist damit die Arbeitsgemeinschaft gemeint, die zwischen den verantwortlichen Gewerkschaftsführern des Widerstandes, Jakob Kaiser, Wilhelm Leuschner, Max Habermann, ihrem engsten Verbündeten Joseph Wirmer und Carl Friedrich Goerdeler Ende 1941 begann. Zu ihnen kamen 1942 noch Bernhard Letterhaus und Nikolaus Groß hinzu. Auch Joseph Ersing ist zu diesem Kreis zu rechnen, während andere Freunde von Jakob Kaiser – wie Heinrich Körner, Bonn, Heinrich Strunk, Essen, und eine ganze Anzahl weiterer Freunde im Lande – stets unterrichtet wurden."

Wohl bilden die Mitte Jakob Kaiser (christlicher Gewerkschafter), Wilhelm Leuschner (Sozialdemokrat, erster Mann der freien Gewerkschaften) und Max Habermann (vom ehemaligen deutschnationalen Handlungsgehilfenverband). Darüber hinaus war aber noch ein großer Teil der früher von ihnen vertretenen Arbeiter mit ihnen verbunden. Während der ersten NS-Jahre war dieser Kreis erweitert worden durch Vertraute und Freunde, die ihrerseits ehemaligen Arbeiterverbänden vorgestanden hatten. Zu ihnen gehörten zum Beispiel Verbände der Metallarbeiter, der Fabrik- und Landarbeiter. Hinzugekommen waren ferner Hermann Maass (Sozialdemokrat und ehemals Geschäftsführer des Reichsausschusses der Deutschen Jugendverbände), der Rechtsanwalt Joseph Wirmer und Düsseldorfs Oberbürgermeister, Robert Lehr, 1933 seines Amtes enthoben. Über die Freundschaft Jakob Kaisers mit General von Hammerstein war auch eine erste Beziehung zum Militär entstanden, das allein einen Umsturz bewirken konnte. (Von Hammerstein galt als einer der frühesten und entschlossensten Gegner der Nationalsozialisten und war 1934 aus Protest gegen die forcierte Rüstungspolitik aus dem Amt als Chef der Heeresleitung ausgeschieden.)

Welche oppositionellen Verbindungen hat nun mein Vater selbst in die Gruppe der Gewerkschaftsführer eingebracht? Außer den „Bosch-Leuten" in Stuttgart gehörten dazu „die Freiburger", vornehmlich Juristen und Nationalökonomen aus dem Umfeld von Walter Eucken, wichtige Industrielle (Wittke / Dillinger Hütte, Reusch / Gute Hoffnungshütte, Walter Cramer / Fa. Stöhr), Staatssekretäre der alten Ministerialbürokratie, zum Teil noch im Amt – sei es, „um Schlimmeres zu verhüten", sei es zaudernd, einen Schlußstrich zu ziehen –, Regimegegner wie der Diplomat Ulrich von Hassell, weitere ehemalige oder noch amtierende Mitglieder des Auswärtigen Amtes um von Weizsäkker und schließlich ehemalige Kommunalpolitiker wie Loeser, Elsaß und Raabe.

Wichtig für die Gewerkschafter waren auch die Auslandsbeziehungen meines Vaters. Als man sich kennenlernte, im Krieg, konnten das nur noch Verbindungen in die neutralen Länder Schweiz und Schweden sein, von großer Bedeutung, denn über sie liefen vor allem die Kontakte nach England – Verbindungswege, die dazu dienten, die Existenz eines „anderen Deutschland" bewußt zu machen und zu versuchen, einer Regierung nach Hitlers Sturz Entgegenkommen des Auslands zu verschaffen. In der Schweiz wirkte als Kontaktmann Professor Sigmund-Schultze, ein Theologe, der als Pazifist und Ökumeniker bereits 1933 nach Zürich emigrierte. Nach dem Krieg hat er seine Begegnungen mit den Vertrauensleuten des Widerstands ausführlich geschildert, zum einen mit Vertretern der Firma Bosch, zum andern mit Walter Cramer, dem engen und treuen Freund in Leipzig. In Schweden gehörte Jakob Wallenberg, Mitglied der bekannten Bankiers-Familie in Stockholm, zu den zuverlässigen Vermittlern. Über ihn führten die Kontakte bis 1944 nach England.

Am meisten schätzten die neuen Freunde meines Vaters

wohl seine vielfältigen Beziehungen zu maßgeblichen Militärs, ohne dessen Mitwirkung Umsturzpläne Gedankenspielerei bleiben mußten. Eine entschlossene, wenn auch kleine Schar von Regimegegnern war wenigstens dem Namen nach bekannt. Durch Vermittlung von Hammersteins hatte Kaiser zwar schon eine erste Fühlungnahme zu dem einstigen Generalstabschef Ludwig Beck bewerkstelligt, die aber noch intensiviert werden mußte.

Als Goerdeler zu der Gewerkschaftsgruppe stößt, bringt er also ein eigenes, weit verzweigtes Netz von Beziehungen mit und erweitert so eine recht einheitliche Gruppierung zu einer heterogen zusammengesetzten Opposition. Ausgesprochen Konservative gehören dazu, Liberale und überzeugte Christen. (Elfriede Nebgen räumt freimütig ein, daß dezidierte Gewerkschaftsgegner nicht einbezogen wurden.) Nicht nur nach Beruf, Herkunft und geistiger Heimat unterschieden sich die im „Netz" Verbundenen, sondern auch in der Entschlossenheit und Fähigkeit zur Tat. Gegen die Diktatur des NS-Regimes den Aufstand wagen – das konnten nur starke Persönlichkeiten, die Mut und Phantasie besaßen. Selbstverständlich hatten gerade sie ausgeprägte politische Ansichten, und es kann nicht verwundern, daß sie aneinanderprallten.

Elfriede Nebgen erinnert sich an die Prüfung „des Kandidaten":

„Wesentlich für diesen mit Goerdeler gebildeten Kreis war nun allerdings die Frage seines politischen Standorts. Man wußte um seine konservative, um nicht zu sagen deutschnationale Herkunft. Man wußte, wie sehr er noch als Preiskommissar unter Hitler daran geglaubt hatte, Einfluß auf die deutsche Politik, vor allem auf die deutsche Wirtschaftspolitik nehmen zu können. Man erkannte auch bald den übersteigerten Optimismus seiner Vernunftgläubigkeit, die immer wieder dem Irrtum verfiel, überreden und überzeugen zu können, eine Veranlagung, die bis zum 20. Juli 1944 noch zu mancher Debatte über den Weg zur Überwindung Hitlers führte. Aber man erkannte auch die Züge einer mannhaften Haltung, wie er sie bewiesen hatte, als er nach der Beseitigung des Mendelssohn-Denkmals vor dem Gewandhaus in Leipzig zum 1. April 1937 sein Amt als Oberbürgermeister von Leipzig kurzentschlossen niederlegte. Und sein ausführlicher Bericht, den er über seinen bisherigen Weg durch den Widerstand … (ablegte), sprach unzweideutig für die echte Feindschaft, die er dem als verbrecherisch erkannten System entgegenbrachte."

Beide Seiten versuchten nun, unterschiedliche Ausgangspositionen kennenzulernen und in offener Aussprache abzuklären. Als sich die Gewerkschaftsführer mit Goerdeler darüber einig geworden sind, den Kampf gegen Hitler gemeinsam zu führen, wird vor dem nächsten schon der übernächste Schritt, die Nachkriegszukunft geplant. Wie wollen sich die Gewerkschaften selbst organisieren? Welche Aufgaben werden sie übernehmen, wie wird die Stellung der Gewerkschaften innerhalb des neuen Staates sein?

Mit den Auseinandersetzungen zwischen den Arbeiterführern und dem bürgerlichen Widerstand um Goerdeler hat sich Hans Mommsen in mehreren Studien befaßt. Schon gruppenintern gab es keineswegs von vornherein Einverständnis über das gegenseitige Verhältnis und die eigene Position. In den Augen des „bürgerlichen Lagers" um Popitz und von Hassell kam mein Vater beispielsweise den Gewerkschaftern zu weit entgegen. Auf seiten der Gewerkschaft um Kaiser und Leuschner entstand wohl schnell Klarheit, „daß ein Rückfall in marxistische Klassengewerkschaften vermieden werden müsse." (Mommsen)

Es sollte „eine parteipolitisch neutrale, alle unselbständig Beschäftigten umfassende, zentralistisch organisierte Einheitsgewerkschaft entstehen". Diese neue „Deutsche Gewerkschaft" sollte weitgehende Selbstverwaltungsaufgaben übernehmen. Auf Goerdelers Drängen sollten auch Arbeitsnachweis und Arbeitslosenversicherung in die gewerkschaftliche Zuständigkeit übergehen – ein Vorschlag übrigens, den er schon 1932 zum Entsetzen von Brünings Kabinettskollegen Hindenburg unterbreitet hatte. Auch Leuschner, dessen starke Persönlichkeit meinen Vater beeindruckte und umstimmen konnte, setzte seine Forderungen durch: Verstaatlichung der Schlüsselindustrien, Aufbau eines ausgedehnten gewerkschaftlichen Bildungswesens und das Recht der Gewerkschaften, eigene Betriebe zu unterhalten. Letztlich entstanden mehrseitige Kompromisse.

Der Ausbau eines gewerkschaftlichen Bildungswesens, den die Gruppe in der Wittelsbacher Straße für die Nachkriegszukunft vorsah, muß den Vorstellungen meines Vaters besonders entsprochen haben. Um die berufliche Fortbildung hatte er sich ja noch in den Friedensjahren gekümmert, Fachkongresse besucht, Verbindungen geknüpft – daß er „Pioniere" der Berufspädagogik, wie Young und Schairer, kennenlernte, war kein Zufall. Schon seit Jahren hatte er Zeit und Mühe darauf verwandt, eine allgemeinverständliche Wirtschaftsfibel zu verfassen. Denn er war fest davon überzeugt, daß jedem Bürger „das wirtschaftliche Geschehen in seiner Naturgesetzlichkeit" einsichtig gemacht werden könnte. Volksaufklärung sollte aus mehreren Gründen geleistet werden: zum einen sollten die Bürger nicht mehr durch wirtschaftlich unsolide Verheißungen der Regierung getäuscht werden können. Darüber hinaus sollten die Arbeiter „fähig werden, den Gang der Wirtschaft in ihrem Betrieb wie im Volk wahrhaft zu verfolgen und zu beurteilen. Endlich muß ihnen Gelegenheit gegeben werden, die Verantwortung auf dieser Grundlage mitzutragen, indem ihnen in den Betrieben und in den Wirtschaftskammern Mitwirkung gegeben wird."

Damals, in den Jahren 1941 bis 1944, habe ich wohl von Spannungen und Auseinandersetzungen gehört, sehr wenig aber von den Inhalten. So konnte ich nicht erfassen, daß mein Vater in Konflikt und Kooperation mit den Gewerkschaftsführern neue sozialpolitische Einsichten und Einstellungen gewann. Seine wirtschaftsliberalen Thesen mußte er mit den sozialstaatlichen Ideen der Gewerkschaften in Einklang bringen, wollte er im Einverständnis mit ihnen die Zukunft vorbereiten. Eigentlich erübrigt es sich zu sagen, daß die Diskussionen – wie im gesamten Komplex der Verfassungsfragen – nach einem gelungenen Umsturz weitergegangen wären. Aber eine gemeinsame Basis hatten sie schon jetzt gefunden.

Wieviel geistige Energie zur Arbeit an sich selbst, zur Infragestellung eigener Positionen und Neuorientierung haben viele Menschen des Widerstandes während des Kampfes gegen Hitler freimachen können! In dieser Zeit hoher persönlicher Gefährdung und äußerster Beschränkungen wurde mehr vorbereitet als allein der Sturz eines verbrecherischen Regimes. Notwendig waren die Überlegungen, welche Lehren aus dem Scheitern der Weimarer Republik und den Erfahrungen unter der Diktatur zu ziehen seien – aber man stellte sich ihnen mit einer Intensität, die wohl aus der Erschütterung durch eine permanente Grenzsituation stammen mochte. Die äußeren Umstände wie auch Zeitdruck ließen allerdings die Positionskämpfe zwischen manchen Gruppierungen immer noch zu kurz kommen, so auch die Diskussion mit dem Moltke-Kreis.

Allerdings imponiert mir die Offenheit, mit der damals die Möglichkeiten neuer sozialer und staatlicher Ordnung erwogen wurden.

Viel zu sehr sind heutige Interpreten – je nach politischem Standpunkt – darauf bedacht, „Fortschrittlichkeit" oder „reaktionäre Einstellungen" nachzuweisen. Die Geschichte der Verfassungsüberlegungen in der Weimarer Republik und innerhalb des Widerstandes zeigt eine erstaunliche Kraft, die geistige Freiheit, Grundsatzfragen unvoreingenommen anzugehen.

In der „Wittelsbacher Straße" hatte mein Vater einen Ort gefunden, wo er dank der Fürsorge und Verschwiegenheit Elfriede Nebgens, der Gastgeberin, Gleichgesinnte kennenlernen konnte und Ansprechpartner, die seinen politischen Gesichtskreis erweiterten. Nach den desillusionierenden Erfahrungen, die mein Vater in seiner eigenen Gesellschaftsschicht gemacht hatte, begegneten ihm hier Menschen, die er als politisch klüger, zuverlässiger und aufrechter empfand. Am meisten aber hat ihn die moralische Integrität, der Mut und die materielle Opferbereitschaft der neuen Freunde beeindruckt. Der Wettstreit der Meinungen wurde von beiden Seiten gewiß hart, mit der Stoßkraft von Überzeugungen,

gleichwohl logisch präzise geführt. Die gegenseitige Anerkennung der Opponenten als Partner hat Spannungen jedoch
gemildert, „ethische Parität", ja, Solidarität ermöglicht. Die
moralische Autorität, die Glaubwürdigkeit der Persönlichkeiten, mit denen mein Vater um Kompromisse rang, haben
nicht wenig dazu beigetragen, daß er neue Vorstellungen von
einer gerechten Sozialordnung entwickelte.

Goerdeler und das Militär

Die Geschichtsschreibung der überaus wechselvollen Rolle des Militärs im Kampf gegen Hitler ist seit den ersten Veröffentlichungen ähnlich stark angewachsen wie die Publikationen von Autobiographien, Tagebüchern und anderen Quellen zu diesem Thema. Goerdelers Verhältnis zur Armee und zu einzelnen hohen Offizieren gründlich darzustellen, könnte nur eine wissenschaftliche Studie leisten. Erinnerung allein kann nicht ausreichen. So blieb mir nur der „Mittelweg", Tagebücher und autobiographische Schilderungen zu Hilfe zu nehmen. Das spröde Thema, die unübersichtliche Quellenlage widerstreben einer erzählerischen Bewältigung. Ihm dennoch ein gesondertes Kapitel zu widmen, zwingt mich seine überragende Bedeutung für das Schicksal des Widerstands und für das Leben meines Vaters.

Carl Goerdeler galt als der Zivilist, der die vielfältigsten Beziehungen zum Militär hatte. Seine ersten Gespräche mit führenden Generälen hatten bereits stattgefunden, als er noch Oberbürgermeister war. Nach dem „Röhm-Putsch" und neuerlich im Frühjahr 1938 anläßlich der „Fritsch-Krise" hatte er an sie appelliert, sich gegen Hitlers Angriffe auf die Soldatenehre zu wehren. 1935 hatte er den Chef des Generalstabs Beck über die Wirtschaftslage informiert; 1937 und 1938 schickte er ihm – wie auch Fritsch, Thomas und Halder – seine Reiseberichte zu: die Armeeführung sollte an der Verhinderung des Krieges beteiligt werden. Mein Vater schrieb also in dieser Zeit der Armee eine Schlüsselrolle auch für politische Entscheidungen zu.

Wie erklärt sich die Zuversicht meines Vaters, das Militär

könne einer solchen Aufgabe gewachsen sein? Ein ungebrochenes Vertrauen zur militärischen Führung hatte er nämlich keineswegs:

> „Die deutsche Armee, aus der preußischen hervorgewachsen, ist unpolitisch seit Jahrhunderten. Ihr Geist ist politisch blind. Und so hat sich das Militär mit der nationalsozialistischen Tat der Wiederaufrichtung des alten deutschen Heeres begnügt und hat es abgelehnt, sich mit den politischen und finanziellen Hintergründen dieses Schöpfungsaktes zu beschäftigen." (Politisches Testament)

Ähnlich absprechende Urteile über die Armee habe ich zu Hause oft gehört. Nannte mein Vater gewisse Namen, schwang in seiner Stimme häufig Empörung, Zorn oder Verachtung mit, sprachen sich Skepsis und Enttäuschung aus. Einzelne Offiziere hingegen genossen seinen unbedingten Respekt.

Bei der Beurteilung des Offizierskorps ging mein Vater davon aus, daß die Standesethik die Offiziere dazu verpflichte, sich gegen Unrecht zur Wehr zu setzen. Die geistige Tradition der preußischen Armee kannte die Befehlsverweigerung für den Fall, daß allgemeine moralische Grundsätze verletzt wurden oder das Wohl des Vaterlandes auf dem Spiel stand: „Gehorsam ist ein Prinzip. Der Mann steht über dem Prinzip." (Moltke) Meines Vaters Enttäuschung über viele hochdekorierte Generäle rührte gerade daher, daß sie ihre eigene Tradition verrieten. Im Krieg zeigte sich, daß zu viele die Grenzen des Gehorsams nicht aus eigener Verantwortung bestimmten, sondern sich opportunistisch verhielten oder sogar an offenbaren Verbrechen beteiligten.

Mit seiner Einschätzung stand er nicht allein, wie Tagebuch-Eintragungen von Hassells erweisen:

> „Wiederholte Besprechungen mit Popitz, Goerdeler, Beck und Oster über die Frage, ob die nunmehr bei den Armeeführern angelangten, von dort aber noch nicht weitergegebenen Befehle bezüglich eines brutalen, nicht mehr kontrollierten Vorgehens der Truppe gegen die Bolschewisten beim Einmarsch in Rußland nicht endlich ausreichten, um der militärischen Führung über den Geist des Regimes, für das sie fechten, die Augen zu öffnen. Man kam zu dem Ergebnis, daß auch diesmal nichts zu erwarten sei. Brauchitsch und

Halder haben sich bereits auf das Hitlersche Manöver eingelassen, das Odium der Mordbrennerei von der bisher allein belasteten SS auf das Heer zu übertragen. Sie haben die Verantwortung übernommen und durch einige an sich gar nichts ändernde, aber den Schein wahrende Zusätze ... sich selbst und andere getäuscht." (16. 6. 41)

Dennoch hoffte mein Vater immer wieder auf das Militär, den unersetzlichen Partner. Und er stieß auch auf Männer, die Recht und Moral über den Befehl stellten, darauf bestanden, daß der soldatische Gehorsam „dort eine Grenze (hat), wo ihr Wissen, ihr Gewissen und ihre Verantwortung die Ausführung eines Befehls verbietet" (Beck). In diese Reihe gehörte der Kreis um Abwehrchef Canaris mit Oster und Dohnanyi, die Generäle Witzleben, Stülpnagel, Tresckow, Olbricht, die Obersten Groscurth und Stauffenberg. Oberst Groscurth ist von Helmut Krausnick so zutreffend charakterisiert worden, daß ich sein Portrait – stellvertretend für andere – hier einfügen möchte:

„Religiöse Überzeugung, selbständiges Denken, ein seltenes Maß von Zivilcourage und eine ,alles Unrecht verabscheuende Gesinnung' hatten ihn, den einstigen Nationalisten, auf den Weg des Widerstandes gegen ein Regime geführt, das sich den meisten als berufener Vorkämpfer gerade der nationalen Interessen seines Volkes glaubhaft zu machen verstand. Trotz seines aufgeschlossenen Geistes war Groscurth gewiß kein ,moderner' Mensch und Verfechter freiheitlich-demokratischer Prinzipien, sondern ein Mann der Tradition. Sie war in ihm aber noch nicht zum Konventionellen erstarrt, sondern lebendig genug geblieben, um ihn die außergewöhnliche Lage erkennen zu lassen, in die das Dritte Reich den deutschen Offizier gestellt hatte, der sich zur Elite der Nation zählte ... der feste Grund, auf dem er stand, gab ihm nach einmal gewonnener Erkenntnis die auch durch den weithin herrschenden Konformismus niemals erschütterte Gewißheit, die rechte Sache zu vertreten – gegen eine Politik, die jeder sittlichen Grundlage entbehrte und die sein Volk in den Abgrund führte. Das Bewußtsein persönlicher Mitverantwortung für das Schicksal seines Landes konnte ihm kein höherer Befehl mehr abnehmen."

Männer seines Charakters waren für die Zusammenarbeit mit dem zivilen Widerstand stets zu gewinnen. Am häufigsten wurde bei uns zu Hause jedoch General Beck erwähnt. Ich wußte von seiner Führungsposition, seiner Autorität bei allen Widerstandskämpfern, seiner Gegnerschaft zu Hitler, von der engen menschlichen Verbundenheit zwischen ihm und meinem Vater. Ihre Partnerschaft schickte sich an, die Weichen jüngerer deutscher Geschichte umzustellen, einige Stationen ihres gemeinsamen Weges dürfen hier also nicht fehlen:

Wahrscheinlich begegneten sich die beiden Männer bereits, als Beck noch Artillerieführer in Dresden war. Ihre Bekanntschaft erneuerte sich 1934/35, als sich mein Vater wegen des Preiskommissariats häufig in Berlin aufhielt. Ein Gutachten zur wirtschaftlichen Lage vom 16. 10. 1935, das in die Reichskanzlei ging, ist von Beck und Fritsch abgezeichnet. Und man hörte von einander. Beck muß bald erfahren haben, wie engagiert sich mein Vater gegen die „forcierte Rüstungspolitik" aussprach und weshalb er aus dem Amt geschieden war. Unter „Eingeweihten" sprachen sich solche Nachrichten schnell herum, auch wenn die Presse schwieg. Als Goerdelers Reiseberichte die Verantwortlichen mahnten, sich für die Erhaltung des Friedens und die Zusammenarbeit mit anderen Staaten einzusetzen, unterstützten und ergänzten sie Becks eigene Position. Der General, für Charakterfestigkeit und Mut empfänglich, gab selbst ein Beispiel. Als seine Proteste gegen Hitlers Kriegspläne nicht fruchteten, legte er 1938 sein Amt als Generalstabschef nieder. Seinem Nachfolger Halder empfahl er, mit Goerdeler enge Verbindung zu suchen, wozu sich mit dem Umsturzplan während der Sudetenkrise ein erster Anlaß bot. Halder aber zog sich 1939, nach anfänglichen Vorbereitungen zur Tat, aus der Verantwortungslinie zurück; Beck und Goerdeler, beide außer Dienst, ohne unmittelbaren Zugang zu Machtmitteln, waren wieder auf einander und auf neue Chancen angewiesen.

Beck und Goerdeler – die beiden müssen sich glücklich ergänzt haben: Ludwig Beck, um einige Jahre älter, galt als besonnen und kontemplativ; mein Vater als sehr dynamisch, geprägt von den Erfahrungen bürgernaher Politik in Reich und Kommune. Gewiß blieben bei so verschiedenen Naturen auch Reibungen nicht aus, vor allem gegen Kriegsende, als mein Vater immer ungeduldiger auf entschiedenes Handeln drängte. „Das Gemeinschaftswerk der großen Denkschriften" (Schramm), die im Konzept einer neuen europäischen Friedensordnung gipfelten, aber kann bezeugen, wie fruchtbar das Bündnis der beiden Männer war und noch hätte werden können. An die Verehrung, mit der mein Vater von Ludwig Beck sprach, erinnere ich mich gut. Sein Vertrauen blieb ungebrochen – bis zum Ende des Weges.

Mit dem Beginn des Krieges hatte sich für die Verschwörer die Situation grundsätzlich verändert: Die militärischen Erfolge erhöhten Hitlers Popularität und verstärkten selbst bei Menschen, die dem Nationalsozialismus fernstanden, die Solidarität gegenüber dem Staat. Ein Umsturz wurde schwieriger denn je, in der Folge dringlicher denn je, da die Gewalt sich mit der Kriegsdauer hemmungsloser entlud und das gesamte Europa bedrohte; eine Entwicklung, die nur mit einer moralischen und militärischen Katastrophe enden konnte. Nun erneuerte und intensivierte sich die Zusammenarbeit von zivilen und militärischen Widerstandskreisen. Der Wehrmacht fiel die Aufgabe zu, Hitler zu stürzen. Denn „nur ein General konnte während der Diktatur über die Mittel verfügen, mit denen die notwendigen politischen Veränderungen erzwungen werden konnten: und das waren Truppen." (Schramm) Die Zivilisten aber sollten dafür bürgen, daß im Anschluß an einen Staatsstreich eine neue, vom Volk getragene staatliche Ordnung begründet werden konnte. (An eine Militärdiktatur haben auch rebellierende Offiziere niemals gedacht.) In dieser Phase wurde mein Vater zum „Motor der Widerstandsbewegung", weil er mit beiden Seiten verbunden war und ihre Arbeit koordinieren konnte.

„Die Haltung von Beck und auch seine zentrale Stellung waren schon durch Hammerstein und durch eigene Begegnungen bekannt. Aber es war doch wesentlich, daß Goerdeler dessen Autorität nicht nur bestätigte, sondern auch voll erkannte. Er betonte immer wieder das weitgehende Einverständnis, in dem er sich mit Beck befand.

Man erfuhr nun auch in Einzelheiten die Rolle von Oster, Witzleben und Olbricht, auch die Vorgeschichte des Versuches einer Opposition durch Halder. Es war ein Einblick in persönlichen Mut, in manches Versagen, aber auch in verständliche Hemmungen, die einem Handeln der Soldaten entgegenstanden ... Für Kaiser und seine Freunde bedeutete der Einblick alles in allem Ermutigung. Dabei sprach wesentlich die Tatsache mit, daß man erkennen mußte, wie sehr sich Goerdeler schon als Motor bewährt hatte und wie sehr man auch weiter auf seine treibende Kraft rechnen konnte. In ihm brannte einfach die sittliche Entrüstung über die Verbrechen des Systems, wie ihn selbstverständlich die Liebe zu seinem Land bewegte. Beides ließ ihn immer wieder neu versuchen, die Generäle zu mobilisieren ..." (Nebgen)

Mein Vater hatte also eine doppelte Funktion: er sorgte einerseits für den Zusammenhalt des Netzes, indem er die einzelnen, vielfach isoliert arbeitenden Gruppen unterrichtete und für einen wechselseitigen Informationsaustausch sorgte. Zum anderen versuchte er, jede Seite bei der Durchführung ihrer Aufgabe zu unterstützen und Mut zuzusprechen. Schlabrendorff bezeichnete Beck als den Kopf, Goerdeler aber als das Herz der Widerstandsbewegung, weil er die deutsche Opposition „durch alle Täler und Tiefen hindurchtrieb und niemals verzweifelte".

Erstaunlich ist seine Ausdauer, das unverzagte Anrennen gegen eine Mauer von Passivität! Bis 1941, als Siegesmeldungen einander ablösten, konnte sich Untätigkeit noch auf das Argument stützen, die deutsche Bevölkerung würde einen Umsturz nicht akzeptieren (eine Sorge, die Goerdeler teilte), und so geschah nichts; als sich die militärische Niederlage auch der Allgemeinheit sichtbar ankündigte, geschah wieder nichts; und als die deutschen Städte von alliierten Bombern zerstört wurden, unzählige Kriegsopfer zu beklagen waren, da geschah noch immer nichts. Typisch für die Willenslähmung der verantwortlichen Generäle war schon der Verlauf des Umsturzversuchs im Spätherbst 1939, der die Schwierigkeiten meines Vaters und seiner Freunde illustriert und ein Grundmuster späterer Fehlschläge abgibt:

Nach dem schnell erkämpften Sieg über Polen hatte Hitler, der den zögernden Generälen zunehmend mißtraute, nunmehr seine Pläne für eine Westoffensive entwickelt. Zu der Sorge um die Ausweitung der Kriegshandlungen, den Befürchtungen, das Heer zu überfordern, traten jetzt die Erfahrungen aus dem Polen-Feldzug. Die Mordtaten an Polen, dicht hinter der Front, hatten zahlreiche Proteste ausgelöst. Noch einmal bereitet Halder einen Putsch vor. Beck und Goerdeler sollen sich bereithalten. Oberst Groscurth, Verbindungsmann zwischen Abwehr und Generalstab, erarbeitet im Auftrag Halders einen Aktionsplan. Aus eigener Initiative hatte er schon versucht, die Generäle an der Westfront zum Handeln zu bewegen.

Am 23. Oktober 1939 lernt Groscurth in Berlin Goerdeler kennen. „Guter Eindruck. Entschlossener Mann", schreibt Groscurth in sein Tagebuch. Einig sind sich die beiden Männer, daß alles darauf ankomme, Brauchitsch und Halder zu „sofortigem Handeln" zu bewegen.

„Wir werden nie erfahren, was die beiden Feuerköpfe alles ausgeheckt haben, um in den folgenden Tagen Druck auszuüben", kommentiert Harald C. Deutsch mit Sympathie.

Gemeinsam mit Brauchitsch besucht Halder die Oberbefehlshaber Leeb, Rundstedt und Bock an der ruhenden Westfront. General Thomas, in ihrer Begleitung, überreicht im Auftrag Becks eine Denkschrift über die Notwendigkeit eines Staatsstreichs. Doch Rundstedt und Bock versagen sich trotz ihrer Bedenken gegen eine West-Offensive. Bald lehnt auch Brauchitsch jede direkte Aktion gegen Hitler ab. Schließlich hielt sich auch Halder bedeckt. So scheiterte der Versuch, die Ausweitung des Krieges zu verhindern.

Nach diesem Fehlschlag schienen weitere Anläufe zunächst nicht möglich. Zu gering war der Mut führender Generäle, sich wirklich zu exponieren, zu groß schien die Bereitschaft der Bevölkerung, sich von den Siegesmeldungen beeindrucken zu lassen. Hitler setzte sich gegen die zögerlichen Militärs durch: ‚die westlichen Staaten seien Demokratien, also schwächlich, leicht besiegbar von dem starken geeinten deutschen Volk'. Der Westfeldzug beginnt am 10. Mai 1940 mit der Eroberung der Niederlande, Belgiens, Luxemburgs. Vorher, im April, werden Dänemark und, nach einer verlustreichen Landeaktion, Norwegen besetzt.

Am 5. Juni 1940 beginnt die „Schlacht um Frankreich". Am 22. Juni 1940, nur zweieinhalb Wochen später: Waffenstillstand in Compiègne. Frankreich ist besiegt.

Hitler hatte sich als „der größte Feldherr aller Zeiten" bewiesen. Gegen ihn putschen? – Das schien nun ausgeschlossen.

Obgleich mein Vater sicher noch im Klima der „deutschfranzösischen Erbfeindschaft" aufgewachsen war – von diesem Sieg ließ er sich nicht korrumpieren. Noch im Gefängnis ist er zornig über Hitlers kleinlichen Racheakt in Compiègne. (Die französische Heeresleitung mußte den Waffenstillstand in eben jenem Salonwagen unterzeichnen, in dem 1918 die Deutschen ihre Niederlage bescheinigt hatten.) Ein Patriot leidet an den Kriegserfolgen seines Volkes – eine paradoxe und düstere Situation: mein Vater wußte schon 1940, die Siege würden die Eroberungssucht nur steigern, hätten Verbrechen im Gefolge und müßten die große Katastrophe unausweichlich nach sich ziehen.

Erst als der Rußlandfeldzug im Winter 1941 zum Stillstand kam, beurteilte man im Widerstand die Aussichten für einen Umsturz wieder positiver. Als Generalfeldmarschall von Brauchitsch noch im Dezember 1941 abgelöst wurde und Hitler persönlich das Oberkommando über das Heer übernahm, wußten die Eingeweihten: das hieß Kampf bis zum bitteren Ende. Trotz eines völlig erschöpften, für den Winter unzureichend ausgerüsteten Heeres würde Hitler Durchhaltebefehle erteilen. Das Leben vieler Soldaten wurde sinnlos geopfert. Und im Rücken der kämpfenden Truppen rollten die Einsatzkommandos der SS und erschossen – nicht ohne Mitwissen der Heeresführung – die jüdische Bevölkerung und die sowjetischen Politkommissare. Millionen von Russen verhungerten.

Es ist die Heeresgruppe Mitte an der Ostfront, in der sich

jetzt eine kleine Schar entschlossener Hitler-Gegner zur Tat bereitfindet. Ihr Haupt ist Henning von Tresckow, Erster Generalstabsoffizier dieser Heeresgruppe, unterstützt von Fabian von Schlabrendorff, seinem Ordonnanzoffizier. Die wichtigste Aufgabe besteht zunächst darin, den Chef der Heeresgruppe Mitte Generalfeldmarschall von Kluge für das Vorhaben zu gewinnen. Er ist einer der wenigen aus der Schicht der Heeresgruppenführer, die überhaupt ansprechbar sind; aber auch er schwankt immer wieder in seiner Bereitschaft, gegen Hitler vorzugehen. Kluge war keine leicht zu gewinnende Persönlichkeit. Gezielt schickte Tresckow seinen Ordonnanzoffizier zu Generaloberst Beck, bei dem Schlabrendorff zum ersten Mal mit Goerdeler zusammentraf. Kurzerhand lud er ihn nach Smolensk ein, weil er hoffte, daß Goerdelers Energie und Überzeugungskraft ihre Wirkung auf Kluge nicht verfehlen würden. Zugleich sollte er für die Seriosität des Unternehmens bürgen, seine Kontakte zu den zivilen Widerstandsgruppen konnten dem Generalfeldmarschall verdeutlichen, wie viele Menschen einen Umsturz wünschten. Anschaulich schildert Schlabrendorff, wie Goerdeler im Sommer 1942, von Oster mit Papieren ausgestattet, in das Hauptquartier der Heeresgruppe Mitte eingeschleust wurde, um mit Tresckow und Kluge zusammenzutreffen:

„Diese Zusammenkunft war ein großer Erfolg. Tresckow hatte zum ersten Mal das Gefühl, einem kongenialen Menschen gegenüberzustehen. Im Nu war der Bund beider Männer geschlossen. Erst der Tod hat sie wieder getrennt. Auf der Vorarbeit Tresckows aufbauend, brach Goerdeler bei Kluge das Eis. Wenn Kluge auch vielfach schwankte und häufig Einwendungen machte, um seinen Rückzug zu verschleiern, innerlich fühlte er sich unserm Kreise verbunden."

Schlabrendorff erläutert, daß es mit einer Verbindung zu Kluge nicht getan war, sondern daß der Putsch durch die in Deutschland stationierten Truppen des Ersatzheeres abgestützt werden mußte. Es kam darauf an, am Tag X die wichtigsten Regierungsstellen zu besetzen und die SS auszuschalten, um einen Bürgerkrieg zu verhindern. General Olbricht, ein überzeugter Gegner des Nationalsozialismus, hatte sich zur Verfügung gestellt.

„So nahmen im Jahre 1942 die Pläne der deutschen Widerstandsbewegung immer greifbarere Formen an. Es kam zu einem Treffen Goerdeler – Olbricht – Tresckow mit dem Ergebnis, daß Olbricht sich verpflichtete, in Berlin, Wien, Köln und München militärische Vorbereitungen zu treffen, um den Nationalsozialisten die Macht zu entreißen, sobald der erste Schlag gegen die Person Hitlers geführt worden sei."

Im März 1943 waren die Vorbereitungen abgeschlossen. Der Putsch war von Schlabrendorff und Tresckow so genau geplant, daß ein Attentat auf Hitler eigentlich zur auslösenden Aktion hätte werden müssen. Auch Feldmarschall von Kluge hatte signalisiert, er würde handeln, wenn wenigstens der erste Schritt getan sei. Aber zweimal schlug der Attentatsversuch fehl! Der mißlungene „erste Schritt" ließ auch Kluge wieder zögern. Beck konnte in dieser Situation nicht einspringen, weil er sich einer schweren Operation unterziehen mußte, und fiel als der leitende Kopf der militärischen Seite aus.

Nun hatte es auch mein Vater schwer, den Mut nicht sinken zu lassen. Zu enttäuschend waren nicht allein die Fehlschläge, ernüchternd wirkten auch die häufigen Hinweise auf die mangelnde Gunst der Stunde, die fehlenden Mut Mitverschworener kaum kaschierten. Trotzdem versuchte er in diesen Monaten noch einmal, seinen Einfluß geltend zu machen, den Widerstandsgeist seiner Bundesgenossen durch einen Appell an ihr Verantwortungsgefühl aufzurichten. In zwei Schreiben an General Olbricht und Feldmarschall von Kluge, deren Entwürfe uns erhalten sind, wies er auf die ungeheuren Opfer hin, die jeder Monat untätigen Abwartens kostete:

„Hochverehrter Herr General,
immer wieder habe ich mir die Auffassung überlegt, es müsse erst der psychologisch richtige Moment abgewartet werden. Wenn man darunter den Zeitpunkt versteht, in dem die Ereignisse Handlungen

auslösen, dann fällt er mit dem Beginn des Niederbruchs zusammen; für eine politische Auswertung würde die Handlung dann zu spät kommen. Inzwischen wären unersetzliche Kulturwerte, die wichtigsten Wirtschaftszentren Trümmerhaufen, wäre die Verantwortung der militärischen Führer mit kostbaren Menschenleben überlastet. Deshalb darf das Nahen des ‚psychologisch richtigen‘ Zeitpunktes nicht abgewartet, er muß herbeigeführt werden. Denn wir sind uns sicher einig, daß Führung ohne vorausschauendes richtiges Handeln nicht möglich ist …

Stalingrad und Tunis sind so schwere Niederlagen, wie sie in der deutschen Geschichte seit Jena und Auerstedt nicht zu verzeichnen sind. In beiden Fällen ist dem deutschen Volke gesagt, daß entscheidende Gründe verlangt hätten, Armeen zu opfern. Daß das unwahr ist, wissen wir. …

In Wahrheit liegt unfähige, gewissenlose Führung vor; bei rechter Führung wären beide Opfertragödien vermieden und damit eine günstigere militärische und politische Lage hergestellt. Die Zahl der auf Befehl vor und in diesem Kriege zum Tode gebrachten Zivilisten, Männer, Frauen und Kinder der verschiedenen Völker sowie der russischen Kriegsgefangenen übersteigt weit eine Million. Die Art und Weise ihrer Beseitigung ist ungeheuerlich und hat mit Ritterlichkeit, Menschlichkeit, ja mit den primitivsten Anstandsbegriffen wilder Völker nichts zu tun. Dem deutschen Volke aber wird wahrheitswidrig dargestellt, als ob die russischen Bolschewisten es sind, die laufend ungeheure Verbrechen an Unschuldigen begangen hätten.

Die Liste solcher Tatsachen ließe sich fast beliebig vermehren. Ich habe nur diese beiden Vorgänge herausgegriffen, weil sie Schulbeispiele für die sittliche Vergiftung des Volkes sind und zusammen mit einer in der deutschen Geschichte noch nicht dagewesenen Korruption sowie mit der Vernichtung des Rechts jede Möglichkeit bieten, den ‚psychologisch richtigen‘ Zeitpunkt zu *schaffen*. Gewiß, die große Mehrheit des deutschen Volkes, fast die gesamte Arbeiterschaft, weiß heute, daß dieser Krieg kein gutes Ende mehr nimmt.

Demgegenüber erscheint die Geduld des Volkes unerklärlich. Aber diese Perversität beruht nur auf der Tatsache, daß Terror Geheimhaltung, Lüge und Verbrechen schützt. Die Perversität schwindet sofort, wenn das Volk sieht, daß dem Terror zu Leibe gerückt, der Korruption Vernichtung angesagt und an Stelle des Geheimnisses und der Lüge Offenheit und Wahrheit gesetzt werden. In derselben Stunde wird jeder Deutsche wieder … die Handlung, die er gestern noch, weil sie heimlich blieb, … unbeanstandet ließ, heute ablehnen und verurteilen …“ (17. 5. 43)

„Sehr geehrter Herr Feldmarschall,

Die von hohen militärischen Stellen genährte Auffassung, daß die Zerstörungen im Westen nicht so schlimm seien, und daß die Arbeiter nach wenigen Tagen, in denen sie sich „ihre Klamotten aus den Trümmern geholt" hätten, wieder zur Arbeit kämen, hat mich bestimmt, mir das Zerstörungsgebiet selbst anzusehen. Sie würden ebenso erschüttert sein wie ich. Dort liegt die Arbeit von tausend Jahren in Schutt.

Vor einer Woche vernahm ich den Bericht eines 18½jährigen SS-Soldaten, der früher ein ordentlicher Junge war, jetzt mit Gelassenheit erzählte, daß es ‚nicht gerade sehr schön wäre, Gräben mit Tausenden von Juden angefüllt mit dem Maschinengewehr ‚abzusägen' und dann Erde auf die noch zuckenden Körper zu werfen!' Was hat man aus der stolzen Armee der Freiheitskriege und Kaiser Wilhelms I. nur gemacht! Aber das *Volk* weiß und fühlt dies mit einer bewunderungswürdigen, gottlob vorhandenen instinktiven Sicherheit. Lassen Sie sich, sehr verehrter Herr Generalfeldmarschall, um Gottes willen nicht täuschen, wenn man Ihnen sagt, daß das Volk die Lügen glaubt, zu denen man es zwingen will! Das Volk verachtet diese Lügen und haßt ihre Verbreiter. Das ist die Wahrheit. Sie wird um so elementarer hervorbrechen, je länger man sie zu unterdrücken sich bemüht. Aber es wird sich dann auch gegen alle wenden, die eine *Mitverantwortung* auf sich geladen haben ...

Angesichts dieses nun offenbar werdenden nationalen Unglücks, in das uns eine wahnwitzige, göttliches und menschliches Recht verachtende Führung gebracht hat, erlaube ich mir eine letzte Bitte an Sie, sehr verehrter Herr Generalfeldmarschall, zu richten. Sie können gewiß sein, daß es die letzte sein wird. Nunmehr ist die Stunde gekommen, in der wir auch über unser persönliches Geschick endgültig zu entscheiden haben. Hier ist der Weg, den das Gewissen klar weist, dort der andere, bequemere. Jener mag Gefahren enthalten, aber er ist ehrenvoll; dieser führt zu bitterem Ende und furchtbarer Reue. Wissen Sie, sehr geehrter Herr Generalfeldmarschall, angesichts der furchtbaren, sich immer mehr beschleunigenden Zerstörungen deutscher Städte noch ein Mittel, um einen Sieg zu erringen, der 1. ermöglicht, Rußland endgültig von Europa fernzuhalten, 2. die USA und das englische Weltreich dazu zu zwingen, diese Angriffe aufzugeben und schließlich Frieden zu machen? *Das* ist doch politisch und militärisch gesehen die Frage, die vor uns steht. Wenn es diesen Sieg gibt, dann muß man seine Möglichkeit dem deutschen Volk nicht mit Lüge, sondern mit Wahrheit, die doch dann vorhanden sein muß, klarmachen. Wenn es aber den Sieg nicht gibt, dann ist die Fortsetzung des Krieges ein glattes Verbrechen, weil es für ein

Volk niemals ein heroisches Ende, sondern immer nur ein Weiterlebenmüssen gibt." ...

„Es handelt sich also wirklich nur um den Entschluß, um die kühle Überlegung und um das rechte Handeln. Am gefährlichsten und schließlich unerträglich aber ist, vor der Stimme des Gewissens Tag um Tag die Ohren zu verschließen. Darin werden Sie, sehr geehrter Herr Generalfeldmarschall, wie ich überzeugt bin, mit mir übereinstimmen.

Sie müssen aber auch wissen, daß meine Wirkungsmöglichkeit zeitlich begrenzt ist. Ich gelte seit vielen Jahren als Militarist, als Bewunderer des Militärs, als Förderer militärischen Wesens, als Freund manchen Generals. Ich habe manche unangenehme Stunde in meinem Leben deswegen erlebt, sowohl nach dem Ersten Weltkrieg wie in den letzten Jahren; denn viele Männer Deutschlands haben von vornherein von den Generalen nichts erwartet. Ich aber habe stets ihre Stange gehalten und habe gesagt, man könne sich auf ihren Charakter und ihr Verantwortungsbewußtsein verlassen. Nun kommt es wirklich so weit, daß ich selbst mich blamiert fühle und daß man mir in Süddeutschland, wo ich treffliche Freunde habe, schon sagt, an allem sei der preußische Militarismus schuld. Es sind nicht törichte Männer, die dies sagen; es sind Männer, die ein warmes Herz für Deutschland und für den deutschen Soldaten haben, die aber darüber verzweifeln, daß man sehenden Auges, denkenden Verstandes und fühlenden Herzens von Verbrechern und Narren das Vaterland in den Abgrund führen und die deutsche Jugend und die deutschen Männer willenlos in Tod und Verstümmelung treiben läßt." (25.7.1943)

Beide Briefe enden mit Vorschlägen, in denen sich Ausweglosigkeit und Verzweiflung ausdrücken: Goebbels oder Himmler könne man zur Beendigung des Krieges gewinnen oder er, Goerdeler, würde Hitler von der Notwendigkeit des Rücktritts zu überzeugen versuchen. Kann man diese Alternativen, deren Absurdität in die Augen springt, überhaupt ernst nehmen? Meines Vaters schrankenlose „Vernunftgläubigkeit" hat seine Freunde zwar oft verblüfft, daß er aber an eine Abdankung des Bösen durch Überredung hätte glauben sollen, scheint mir doch ebenso übertrieben. Wozu dann noch Umsturzpläne?! Hat er nicht vielmehr durch eine Geste, die das Absurde auf die Spitze trieb, die Generäle zum Handeln zwingen wollen? Ich sehe in diesen Vorschlägen, die ja den Bankrott der Widerstandsidee androhen, vor allem die Verzweiflung eines Menschen, der die Vernichtung von Millionen Leben, die Zerstörung seines Vaterlandes und den moralischen Verfall seines Volkes nicht mehr ertragen kann.

In jenen Tagen, in denen Carl Goerdeler die Grenzen seines Einflusses gewahrte, habe ich zu Hause nicht den „immer optimistischen" Vater erlebt; zergrübelt, oft bedrückt, manchmal sich entziehend, dann wieder Nähe suchend. Als einziges von uns fünf Geschwistern war ich jetzt in Leipzig, um bei meiner Mutter zu sein; ihre Schwester Sabine, Frau Fritz Goerdelers, war 1941 gestorben ... Mein Bruder Christian war am 15. Mai 1942 gefallen.

Aufregende Wochen hatten den Beginn des Jahres 1942 überschattet. Christian war vor ein Kriegsgericht gestellt, weil er gegen Geiselerschießungen im besetzten Frankreich protestiert hatte. In einem Aufruf hatte er an seine Kameraden appelliert, diese Verbrechen nicht länger hinzunehmen. Ein Kamerad zeigte ihn an. – Mein Vater reagierte zwiespältig auf Christians Handlung: entsetzt über die Vertrauensseligkeit und die mangelnde Vorsicht, vernahm und achtete er doch die Stimme des Gewissens seines Sohnes; und er setzte unermüdlich alles daran, Christian vor dem Zugriff der Gestapo zu bewahren. Ohne Heeresrichter Dr. Sack, den mein Vater in der Not um Hilfe bat, hätte der (vorläufige) Rettungsversuch nicht gelingen können. Es blieb bei einem Kriegsgerichtsverfahren wegen „Vergehen aufgrund des Heimtückegesetzes", das nicht ohne Strafmaßnahmen ausgehen konnte: einige Wochen Arrest und Beförderungssperre schadeten nicht – die Versetzung an die russische Front hat Christian das Leben gekostet. Im Juli 1942 schrieb mein Vater an Groscurth, der ihm zum Tod des Sohnes kondoliert hatte:

„Mein Sohn Christian hat für seine Überzeugung vor dem Kriegsgericht gestanden; er hatte einem Kameraden vertraut. Christian aber hatte seine Sache auf unseren christlichen Glauben gestellt. Sein Wesen war lautere Wahrhaftigkeit. So lehnte er jede Abschwächung ab und beharrte auf der Wahrheit. Die formale Bestrafung konnte und sollte wohl auch nicht den moralischen Sieg verhüllen, den er in schwerer Anklage dem preußisch-deutschen Offiziertum, der Ritterlichkeit und Wahrhaftigkeit erstritten hatte. In diesen Tagen hat der Vater, der den Verhandlungen in Paris und Fontainebleau beigewohnt hatte, vor der unbeirrbaren Tapferkeit und Lauterkeit des Sohnes den Degen gesenkt. Kein Richter, kein Zuhörer, der nicht tief bewegt gewesen wäre.

Zwei Monate später ist der Junge gefallen, in voller Klarheit dessen, was ist und dessen, was unserem Volke not tut, aus reinem Pflichtbewußtsein gegenüber seinen Soldaten. Diese Tragik steht sicher nicht vereinzelt da. Sie vertieft das Leid, sie erhöht unsere Verpflichtung. Dies alles sage ich Ihnen, damit sie eine Bestätigung Ihres schönen Vorsatzes erhalten, ,zu wirken, solange es Tag ist' im Sinne ,der Besten, die in Gräbern liegen'.

Gerade wir Älteren – das gilt nicht für Sie – haben die Pflicht, uns von den Jungen nicht an Tapferkeit übertreffen und beschämen zu lassen."

*

In jener Zeit, einem Tal der Ohnmacht, haben sich in manchen Stunden die Rollen zwischen Vater und Tochter vertauscht. Mit kleinen Zeichen des Trostes sorgte ich für ihn, wenn er bei uns war; eine Blume auf dem Nachttisch, ein geschälter Apfel neben dem Sessel im Wohnzimmer sollten ihm wohltun, Einsamkeit ein wenig verbrämen. Neugierige Fragen, was er las, wenn er bei uns saß, woran er schrieb, habe ich ihm nicht gestellt. Die Historikerin in mir bedauert heute manchmal, daß ich mir die Informationen über das unmittelbare politische Geschehen nicht eingeholt habe. Aber damals hätte ich nicht mit Wissensdurst in die Sorgen des Vaters einbrechen mögen. Hätte ich ihn überhaupt belasten dürfen, seine Zweifel und seine Unruhe in Worte zu fassen und sie auf sein Kind zu übertragen?

Im Juni 1943 schreibt mein Vater an Oberstudiendirektor Binder, dessen Frau ein Bild von meinem Bruder gemalt hatte:

„Für die Soldatenblätter mit dem Aufsatz aus Ihrer Feder ebenfalls herzlichen Dank. Aber ist Deutschland noch das Land der Liebe? Und können wir reinen Herzens von den Haßgesängen einer wider Deutschland verschworenen Welt sprechen?
Entschuldigen Sie gütigst diese vielleicht taktlos erscheinende

Härte. In weniger ernsten Zeiten und einem anderen Mann gegenüber würde ich schweigen, Sie aber haben Anspruch auf meine Wahrhaftigkeit; und die sagt mir, daß wir das reine Herz und die schuldlosen Hände wohl mit ganz anderen Opfern, Handlungen und Gesinnungen vielleicht einmal erringen werden, und daß die ewige Gerechtigkeit Gottes uns zur Verantwortung ziehen wird. Wenn Er die im Kriege befindlichen Völker zu einer wahren Verständigung im christlichen Geist führt, dann müßten wir ihm noch für übergroße Gnade danken."

Das Vertrauen in die moralische Haltung seines Volkes, seine ethische Kraft, ist in diesem Brief nicht mehr so fest verankert, wie es in manchem Schreiben an die Generäle erscheint. Ich bin mir nicht sicher, ob er dieses Grundvertrauen damals wirklich noch besaß oder es nur noch argumentativ einsetzte, um die Befehlshaber zu spätem Handeln zu treiben.

Rücksichten auf die zeitweilig desolate Verfassung des Widerstands legten der natürlichen Freimütigkeit meines Vaters Fesseln an. Zweifel durften nur noch im ganz privaten Gespräch laut werden. Er selbst aber war in der Phase der Perspektivlosigkeit ebenfalls des Zuspruchs bedürftig, mußte wieder Hoffnung und Mut gewinnen, denn noch einmal zeichnete sich die Chance ab, ein Umsturz könne gelingen und vom deutschen Volk als Erlösung begrüßt werden.

Hermann Kaiser (Kriegstagebuchführer beim Ersatzheer und als Mitverschwörer eng mit Olbricht verbunden) notiert, der Sturz Mussolinis Ende Juli 1943 und die Verluste an der Ostfront hätten die Aktionspläne der Konspirateure vorangetrieben. Tresckow protokolliert: „Es ist jetzt soweit. Kluge entschlossen. Endlich." Zunächst ist Tresckow noch die treibende Kraft; bald ist es Stauffenberg.

„Als kurz darauf Claus Graf Stauffenberg Chef des Stabes bei Olbricht wurde, entwickelte sich die Dienststelle des Befehlshabers des Ersatzheeres zu jenem Aktionszentrum, in dem vorbereitet wurde, was schließlich zum Staatsstreichversuch vom 20. Juli 1944 geführt hat." (Roon)

In Hauptmann Kaisers Dienstzimmer trafen sich Stauffenberg und Goerdeler im Frühherbst 1943 zum ersten Mal;

Stauffenberg gab Goerdeler sein Wort, daß er zu „einem gemeinsamen Gewaltakt gegen den Führer fest entschlossen sei." Damit war ein neuer dynamischer und hochbegabter Akteur auf den Plan getreten. Wie war es zu dieser neuen Chance gekommen?

General Olbricht hatte Stauffenberg, Oberst im Generalstab, aufgefordert, sich am aktiven Widerstand zu beteiligen. Mit ihm beginnt 1943 eine Generation jüngerer Offiziere in das Geschehen einzugreifen. Stauffenberg, 1907 geboren, war kein Hitler-Gegner „der ersten Stunde". Aber während seiner Dienstzeit im Generalstab, bis 1942 unter der Führung von Halder, hatte er Hitlers Einstellung, die unter der Parole „Kampf bis zum letzten Mann" das Leben von Soldaten verschleuderte, aus der Nähe miterlebt. Diese Erfahrung mag ihn entscheidend bewogen haben, Olbrichts Aufforderung zu folgen und sich der Verschwörung anzuschließen.

Nach schwerer Verwundung gerade erst im Dienst, wird dieser außerordentliche Offizier bald die treibende Kraft und Hauptakteur sowohl der Planung als auch der Durchführung des Attentats. Alle Beteiligten sahen zwar diese Doppelrolle als bedenkliche Überforderung an, aber sie hat sich wohl schwer vermeiden lassen. Stauffenberg war einer der wenigen, die an einer der wichtigen Schaltstellen in Berlin saßen und anläßlich der Lagebesprechungen direkten Zutritt zu Hitlers Hauptquartier in der fast hermetisch abgeriegelten „Wolfsschanze" hatten.

> „Gleich zu Beginn des Rußlandfeldzuges schloß er (Hitler) sich in seiner seltsamen ‚Wolfsschanze' bei Rastenburg in Ostpreußen ein, hinter dreifacher Sperrkette, in kunstvoll getarnten und gesicherten Bunkerbauten im Walde, zugänglich nur für Bevorzugte, die schärfster Kontrolle unterlagen … Die Einsiedelei verließ er nur ganz selten … Wie sehr das jeden Attentats- oder auch Arrestversuch erschwerte, ja fast unmöglich machte, ist oft geschildert worden." (Ritter, S. 337)

Die Wolfsschanze war für Widerstandskämpfer nicht nur eines der strategischen Ziele, sie besaß auch einen symbolischen Wert oder vielmehr Unwert: Der Führer und Oberbefehlshaber des deutschen Heeres, der Millionen von Soldaten aller Völker in den Tod schickte, die deutsche Zivilbevölkerung ab 1943 fast pausenlosen Bombardements auslieferte, saß tief im sicheren Führerbunker geschützt, wagte sich kaum an die Front noch in die bedrohten oder zerstörten Städte. Ein Volksheld, der das Geschehen nur noch beobachtete und für das Volk, dessen Führer er sich nannte, nur noch Untergangsparolen übrig hatte. Speer, sein Architekt und Rüstungsminister, sollte, spät desillusioniert, Hitlers Worte überliefern:

„Wenn der Krieg verloren geht, wird auch das Volk verloren sein. Es ist nicht notwendig, auf die Grundlagen, die das Volk zu einem primitiven Überleben braucht, Rücksicht zu nehmen. Im Gegenteil, es ist besser, selbst diese Dinge zu zerstören, uns selbst zu zerstören. Denn das Volk hat sich dann als das schwächere erwiesen, und dem stärkeren Ostvolk gehört ausschließlich die Zukunft. Was nach dem Kampf übrigbleibt, sind ohnehin nur die Minderwertigen, denn die Guten sind gefallen." (Bullock, S. 773)

Diesem Mann, der sich vor einem Weltbrand verbarg, den er selbst entfacht hatte, diesem „Führer", der sein Volk dem vollständigen Untergang preisgeben wollte, diesem Tyrannen in den Arm zu fallen und gemeinsam Einhalt zu gebieten, war das Ziel, in dem der junge Graf Stauffenberg und Carl Goerdeler übereinstimmten, der sein Vater hätte sein können. Zwei Stellvertreter von Generationen, die durch die Zäsur des Ersten Weltkriegs sich weit von einander entfernt hatten. Der Graf drängte auf eine radikale Lösung, Goerdeler bestand auf einem Verfahren, das rechtsstaatliche Kontinuität garantierte: Tyrannenmord oder Gerichtsverfahren, Attentat oder „politische Lösung"?

Nach der Verhaftung von Dohnanyis und der Ausschaltung Osters im April 1943 hatten sich die Chancen für einen wirksamen Schlag erheblich vermindert. Die Zeit drängte. Das Zögern der Generäle vor Augen, deren Einwendungen so oft konkrete Aktionen aufgehalten hatten, angesichts der allgemeinen Furcht vor der Symbolfigur Hitler, vor der ein Brauchitsch und Kluge zurückgeschreckt waren, mußte sich mein Vater endgültig damit abfinden, daß Hitler nur durch ein Attentat beseitigt werden könne. Hartnäckig hatte er sich gegen eine Liquidierung gewehrt, da eine Märtyrer-Legende, ein neues „Dolchstoß-Trauma" den Neubeginn gefährde, die Nachkriegs-Regierung bei der Bevölkerung in Verruf bringen werde. Mein Vater forderte eine offene Befehlsverweigerung von seiten der Generalfeldmarschälle und ein ordentliches Gerichtsverfahren gegen Hitler, das dem deutschen Volk die ganze Wahrheit des Geschehenen demonstrieren und die Tat der Verschwörer rechtfertigen würde. Er hoffte auf einen Prozeß der Selbstreinigung, der auch dem Ausland Achtung einflößen würde. In mühseliger Kleinarbeit hatte von Dohnanyi im Justizministerium Material für diesen Tag X gesammelt.

Die Position meines Vaters ließ sich nicht halten, auch nicht in Anbetracht seiner ethischen und staatsrechtlichen wie psychologischen Motive. Ende 1943 betrachtete die militärische Gruppe innerhalb des Widerstandes die Tötung Hitlers als unabdingbare Voraussetzung für einen Umsturz. Der Eid, an dem sich große Teile der Truppe gebunden fühlten, schien eine andere Lösung nicht mehr zuzulassen. – Daß die Tötung Hitlers nur die Initialzündung für umfassendere Maßnahmen sein konnte, lag auf der Hand; wie schon bei früheren Absprachen erwartete das Militär von den Zivilisten, Vorbereitungen zu treffen, um alle Schlüsselstellungen in Regierung und Verwaltung neu zu besetzen.

Wieder ist die enge Zusammenarbeit der zivilen mit der militärischen Gruppe durch Elfriede Nebgen bezeugt: Eine Liste von „politischen Beauftragten" wird erstellt, die politisch unbelastet sein mußten und jedem Wehrkreis-Kommandeur zur Seite stehen sollten. Bei der Zusammenstellung der Namen entwickelt sich so etwas wie eine „große Koalition" der Widerstandsbewegung. Diese Namenslisten haben den Verschwörern nach dem Kriege, als das Mißlingen des Attentats schon der Geschichte angehörte, manch harsche und überhebliche Kritik eingetragen. Wer sich um das Verstehen der Zusammenhänge bemüht, wird erkennen können, daß ein Katalog verläßlicher Akteure mit klar ausgewiesenen Funktionen unerläßlich war, sollte die Revolte gelingen. Zudem standen die Strategen des Umsturzes vor dem historischen und existentiellen Erfolgszwang auch vor der Notwendigkeit, das Militär von der Erfolgsträchtigkeit des Unternehmens erst zu überzeugen. Die Namen des Katalogs standen dafür.

Einer der „Koalitionspartner" ist Carl Goerdeler. Obwohl sein Werk vor der Reife steht, hält er sich jetzt in Berlin immer seltener auf; man befürchtet seine Verhaftung. So sehe ich ihn häufiger als sonst bei uns zu Hause. Er meidet sein großes kühles Arbeitszimmer, sitzt „bei seinen beiden Frauen", liest, sinniert, macht sich Notizen. Er muß warten. Und das Warten war in diesen Monaten vor dem Sommer 1944 eine Qual für meinen Vater. Er wußte, wieviel Opfer jeder Tag des Wartens kostete. Und er wußte, daß man warten mußte, um nach so vielen vergeblichen Versuchen einen erfolgreichen Schlag zu führen. Und ein wenig wird er sich sogar vor dem Erfolg gefürchtet haben, denn die mächtige Drohung eines „unconditional surrender" (bedingungslose Kapitulation), die Frage, wie sich die Siegermächte gegenüber einem „anderen Deutschland" verhalten würden, dem sie so wenig Ermutigung hatten zukommen lassen, belastete sein Gewissen. Drohte nicht wieder ein „Versailles" oder ein noch schlimmerer Friedensschluß, der den Keim zu neuer Unruhe in der Welt pflanzen würde? – Am 20. Juli 1944 scheiterte der letzte, entscheidende Attentatsversuch. Diesen Tag erlebte mein Vater bereits im Untergrund.

Abschied

Am 15. Juli 1944 hatte mich mein Vater nach Rauschen geschickt. Dort sollte ich meine Schwägerin abholen, mit ihren beiden sehr kleinen Kindern, und Jutta, der jüngsten Tochter von Onkel Fritz. Über Leipzig, dauernd bombardiert und daher zu aufregend für die Kleinen, sollten sie auf einen kleinen Bauernhof in der Nähe von Heilbronn fahren. (Robert Bosch hatte meinem Vater zu diesem Refugium für die Familie verholfen.) Meine vierzehnjährige Schwester Nina sollte sie begleiten.

Die Kampfhandlungen der Ostfront kamen der ostpreußischen Heimat immer näher. Mein Vater rechnete in diesen Tagen mit dem Attentat, das den Sturz des Regimes einleiten sollte. Alle Beteiligten waren in Sorge, wußten, daß unruhige Tage bevorstanden; wenigstens die Jüngsten wollte mein Vater einigermaßen in Sicherheit wissen.

Die Situation auf dem Königsberger Hauptbahnhof, wo ich umsteigen mußte, steht mir noch heute vor Augen: Knäuel von Wartenden, bäuerlich gekleidet, mit Körben und Säcken voller Fluchtgut standen auf den Bahnsteigen und hofften auf Züge, die sie in den sicheren Westen bringen sollten. Jetzt wußte ich es überdeutlich: ich würde Rauschen und die ostpreußische Heimat nicht wiedersehen, nicht noch einmal den Birkenweg vom Bahnhof entlanggehen, nicht durch die grüne Gartenpforte zum einladenden Haus und zur Terrasse laufen, um endlich wieder das weite Meer vor mir zu sehen. Als Erinnerung an ein verlorenes Paradies werden mich die Bilder nun begleiten. Am nächsten Tag war ich mit meinen Schützlingen zurück in Leipzig. Am 20. Juli sollten sie nach Süddeutschland weiterfahren.

In der beginnenden Dämmerung des 17. Juli kommt mein Vater durch den Garten in unser Haus. Ohne Erklärung wußten wir, daß er so unauffällig wie möglich zu uns gelangen wollte. Wurde er schon gesucht? Über Graf Helldorf, den Berliner Polizeipräsidenten, der zu den „Eingeweihten" gehörte, war er gewarnt worden, daß der Haftbefehl bereit lag. Damals sehe ich ihn nur seinen Schreibtisch kontrollieren, er entfernt und vernichtet noch einige Papiere. Brisantes Material hatte er dort wohl nie aufbewahrt. Aber er wollte sichergehen, uns nicht unnötig zu belasten. Äußerste Vorsicht schien ihm geboten: täglich war damit zu rechnen, daß nach ihm gefahndet wurde. Die Eltern gingen früh zur Ruhe. In den frühen Morgenstunden kommt mein Vater zu meiner Schwester und mir ins Zimmer. Ich spüre noch die Sorge in seiner Stimme, als er Abschied nimmt, die Wärme seiner festen Umarmung. Wir ahnten die tödliche Bedrohung. Es sollte unser letzter Abschied sein. Meine Mutter begleitete ihn zum Bahnhof.

Am Abend des 20. Juli kam durch den Rundfunk die Nachricht von dem mißlungenen Attentat. Wortlaut, Einzelheiten prägten sich mir nicht ein. Der Name Stauffenberg fiel, seine sofortige Erschießung wurde gemeldet – und ich wußte, ich würde meinen Vater nie wiedersehen. Von dieser Stunde an kann ich für mein eigenes Leben in Hitler-Deutschland kaum genaue Daten ausmachen. Was ich über meinen Vater erfahre, wird sehr ungenau und immer aus zweiter Hand sein.

Am 21. Juli kommt die Gestapo zu uns ins Haus, und wir werden von nun an Tag und Nacht bewacht. Noch bin ich ganz gefaßt, aber ich weiß, daß meine Mutter durch Mitwisserschaft hoch gefährdet ist. Es gelingt mir, sie zu gespielter Erkrankung zu bewegen. Der von der Gestapo herbeigerufene Polizeiarzt wird fürs erste zu unserem Schutzengel. Ohne daß ich ein Wort mit ihm wechsle, durchschaut er die Situation und weist meine Mutter in das St. Georg-Krankenhaus ein, dessen Chef mit meinen Eltern befreundet ist. Vier

Wochen etwa wird sie durch eine hohe Dosis von Beruhigungsmitteln vor einem Verhör bewahrt, danach verliert sich das Interesse der Gestapo an ihr. Als sie zu mir in die Einzelzelle geschoben wird, werden wir im Zusammen-Sein Trost finden.

Die Gestapo hatte mich wohl am 27. Juli in das Polizeigefängnis in der Wächterstraße in Leipzig eingeliefert. Das Allein-Sein in der Zelle habe ich nur sehr schwer ertragen. Nur zeitweise waren zwei meiner Kusinen, die Töchter von Onkel Fritz, bei mir; dann kamen sie wieder frei. (Gründe haben wir nie erfahren.) Mit Lebensmitteln konnten sie mir nun etwas helfen, seelisch mußte ich mit der furchtbaren Einzelhaft irgendwie fertig werden.

Einzelhaft bedeutete, daß die Hände nachts gefesselt waren, und ich mit dem Gesicht zu der schirmlosen elektrischen Birne zu liegen hatte, die mich unaufhörlich anleuchtete. Totales Nichts-Tun während des Tages. „Aufschluß" morgens um sechs Uhr. Für zwölf Stunden wird die Pritsche an die Wand geschlossen. Auf einem Hocker wartet der Delinquent tatenlos das Verrinnen der Zeit ab. Waschen, Verrichtung der Notdurft in der Zelle. Nie gibt es Klarheit, was Schikane, was Einhalten von Vorschriften ist. Der einzige Außenkontakt ist täglich die halbe Stunde Rundgang im Gefängnishof, im Gänsemarsch, Sprechverbot.

Ich werde dort wohl unter den „Politischen" im Kreis getrieben worden sein, denn eines Tages flüstert jemand: „Jetzt haben sie auch den Goerdeler." Es muß der 12. August gewesen sein.

Als mich die Gestapo verhörte, war es mein Trost gewesen, daß sie meinen Vater noch nicht in ihren Fängen hatten. Daß sie ihn suchten, wußte ich. Am 1. August war es durch die Zeitungen gegangen: Eine Million Reichsmark waren als Belohnung für die Ergreifung Goerdelers ausgesetzt. Die Gestapo hatte mir die Nachricht in die Zelle geben lassen; sonst war ich von Informationen abgeschnitten.

Es war der 9. September, als sich die Zellentür zu ganz ungewohnter Zeit öffnete und wir – meine Mutter war schon bei mir – wieder eine Zeitung in Empfang nehmen mußten. Die Schlagzeile „Tod durch Erhängen für Goerdeler und die Mitverschwörer" ist dick angestrichen. Sie trifft uns ganz ungeschützt; das Zeitungsblatt wird zur unerträglichen Bedrohung. Ich klingele unnachgiebig nach der Wärterin und gebe ihr das Blatt zurück. Darauf Geflüster hinter der Zellentür – ich muß die Zeitung wieder nehmen. Am nächsten Tag verrät mir die Wärterin, ein Gestapo-Beamter habe verlangt, uns durch den Spion der Zellentür beobachten zu können. Hohnlachend hatte er mittags in der Kantine von uns berichtet.

Gedanken eines zum Tode Verurteilten

„Reise in die Welt meines Vaters" habe ich diesen Band über-
schrieben. Für die vorangegangenen Kapitel hatte der Titel
seine Berechtigung, weil er meine Intention richtig aus-
drückte. Nun aber büßt er seinen Sinn ein. In diese Sphäre
des Verlassen-Seins, der Todesnähe und der Weltlosigkeit
kann ich ihm nicht mit forschendem Interesse folgen. Ich
kann nur versuchen, nachzuholen, was mir damals verwehrt
war, und seinen Weg in Gedanken zu begleiten.

Meine Mutter brachte meinen Vater am Morgen des
18. Juli zum Hauptbahnhof. Er hat schon Abschied genommen, als er sich noch einmal zu ihr umwendet und ihr seinen
Schlüsselbund gibt: „Ich werde vielleicht längere Zeit nicht
wiederkommen."

Es ist bis heute nicht geklärt, weshalb schon vor dem Attentat vom 20. Juli ein Haftbefehl gegen meinen Vater bereit-
lag. Die Gestapo wurde wohl zunehmend nervös. Auch
Georg Leber war Anfang Juni verhaftet worden, angezeigt
durch einen eingeschleusten Spitzel. In den politischen Pro-
zessen dieser Wochen könnte der Name meines Vaters gefallen sein. – Einige Monate nach Ende des Zweiten Weltkriegs
wird mein Bruder Reinhard dem Weg meines Vaters in den
letzten Tagen der Freiheit nachspüren. So haben wir einige
Kenntnisse, jedenfalls über einzelne Stationen.

Von Leipzig ist mein Vater zunächst nach Berlin gefahren
und hält sich dort kurz auf. Er trifft sich mit den Freunden
Kaiser, Wirmer und Leuschner, um sich mit ihnen zu beraten. Sie kommen zu dem Entschluß, mein Vater solle zunächst in der Nähe von Berlin untertauchen. Von einem der

militärischen Verschwörer verlautet, „es würde sowieso bald gehandelt".

So erreicht meinen Vater die Nachricht von dem Attentat und seinem Mißlingen auf dem Gut Rahnisdorf von Baron Palombini. Als dem Gastgeber selbst Verhaftung droht, beginnt meines Vaters eigentliche Flucht. Wir wissen, daß er sich vom 24. Juli an wieder in Berlin aufhält. Fast täglich trifft er sich mit den Freunden im Hinterzimmer eines kleinen Zigarrengeschäfts in der Rosenthaler Straße. Nachts mußte er sein Quartier zunächst häufig wechseln. Schließlich nimmt ihn für fast zwei Wochen die Familie Labedzki auf, ein altes Bürogehilfen-Ehepaar, das ihn selbstlos und liebevoll betreut. Dort darf er sich für kurze Zeit behütet fühlen und beginnt, seine „Jugenderinnerungen" für uns aufzuschreiben. Noch übersieht niemand, welche Entwicklung die Ereignisse nehmen werden.

Am 31. Juli, seinem 60. Geburtstag, bereiten ihm die Freunde aus der Wittelsbacher Straße eine kleine Geburtstagsfeier. Es ist ein „fast sorgloses Beisammensein", berichtet Elfriede Nebgen. Doch mein Vater muß sich mit der Frage plagen, wo er sich weiter verbergen soll: in der Frontzone im Osten oder in den zerbombten Städten des Westens. Noch ist nicht ganz klar, ob mit der militärischen Verschwörung auch die zivile entdeckt worden ist. Und wie schnell sich der Zusammenbruch der Front im Osten vollzieht.

Am 1. August hört mein Vater im Rundfunk bei Labedzkis, mit welch hoher Belohnung nach ihm gefahndet wird. Das Versteck bei Labedzkis in dem kleinen Haus in Friedrichshagen wird für Gastgeber und Gast immer gefährdeter. Eine Woche später beschließt mein Vater weiterzuziehen. In General Olbrichts Panzerschrank waren die Namenslisten gefunden worden, die für den Tag X gelten sollten. – Weshalb sich mein Vater nach einigem Zögern gegen Osten wendet, werden wir nie erfahren. Am 12. August wird er in der Nähe seiner Heimatstadt Marienwerder erkannt und verhaftet.

Nun beginnt ein Leidensweg, der bis zum 2. Februar 1945

dauern wird. Fast sechs Monate ist er der Gestapo ausgeliefert, lebt in einer Einzelzelle in dem Keller des Reichssicher-
heits-Hauptamtes in der Berliner Prinz-Albrecht-Straße.
Unerreichbar für meine Mutter und uns Geschwister, die wir
alle – wie auch mein Onkel Fritz – verhaftet sind. Nie wird
ihn auch nur das geringste Zeichen der Liebe und des Trostes
von uns erreichen können, kein heimlich überbrachtes Wort,
kein Buch, keine kleine Essensration gegen den dauernden
Hunger. Außer der Familie hätte niemand zu dem Verfemten
Verbindung aufnehmen können. So muß er diese Monate in
totaler Einsamkeit durchleben und durchleiden.

„Wie eine andere Welt liegt mein vergangenes Leben hinter mir.
Eine Weile kann ich durch ihr herrliches Traumland schweifen; dann
treibt mich der Schmerz um das Entschwundene und Versäumte wieder zurück ..." so beginnt ein Brief.

Die einzige menschliche Stimme, die ihn erreichen konnte,
wird die des Wärters gewesen sein; denn den politischen
Freunden steht er nur in der quälenden Situation des Verhörs
gegenüber.

Nach dem Krieg hat der Gefängniswärter Verbindung mit
uns aufgenommen, um uns die schriftliche Hinterlassen-
schaft meines Vaters zu übergeben. Es sind etwa 400 mit Blei-
stift eng beschriebene Seiten: Briefe, politische Reflexionen
und „Gedanken eines zum Tode Verurteilten", sein Vermächtnis an die Familie, ein Aufruf an die Staatsmänner der
westlichen Welt.

Schreiben – das war das einzige, was ihm an Tätigkeit geblieben war. Gegen seine zum Handeln bestimmte Natur war
er schon seit Jahren viel zu sehr darauf angewiesen und begrenzt, sich schriftlich zu äußern.

Viel zu lange hatte er nur planen dürfen und andere zum
Handeln mahnen müssen, anstatt selbst Entscheidungen treffen zu können, die sich in Tat und Resultat umsetzten.

Unmöglich, diese Seiten als historische Quellen analytisch,
als bloßes Informationsmaterial zu betrachten. Die Anspan-
nungen, ja die Qualen der Seele und des Geistes in diesen

Monaten totaler Isolierung, zahlloser Verhöre und der täglich abrufbaren Vollstreckung des Todesurteils – diese Not fordert, ihm zuzuhören und das Vermächtnis weiterzugeben.

Vor dem 20. Juli waren seine Schriften noch von der Zuversicht getragen, nach einem Umsturz endlich einen Neu-Beginn mitgestalten zu können. Jetzt gibt es keine Zuversicht mehr, daß die Deutschen sich aus eigener Kraft des Verbrecherischen entledigen und damit ein Anrecht gewinnen, gehört zu werden. Nur Entgegenkommen und Einsicht der Siegermächte können helfen, Deutschland eine Zukunft und allen Völkern ein friedliches Zusammenleben zu sichern. Noch im Angesicht des Todes glaubt mein Vater, diesem Ziel dienen zu können. Die Wahrheit über den Nationalsozialismus müsse zuerst ans Licht gebracht werden, dann ist ein neuer Grundstein zu legen.

Sich für die Zukunft der Menschen verantwortlich zu wissen – das ist das Unzerstörbare an der Existenz meines Vaters. Selbstanklagen, daß er versäumt habe, zur richtigen Zeit das Richtige zu tun, Verzweiflung über unser aller Schicksal, Sorgen um unsere ganz persönliche Zukunft – sie werden ihn immer wieder peinigen, und gerade sie rücken ihn mir in seiner Menschlichkeit nahe, lassen mich verstehen. Aber ich würde die Bedeutung seiner Persönlichkeit verkennen, wenn ich nicht auch dieses Unzerstörbare, über ihn Hinausweisende mitverstünde.

In der ersten im Gefängnis entstandenen Schrift, den „Gedanken eines zum Tode Verurteilten", vom September 1944 finden wir seine Pläne für die Zukunft des eigenen Staates und den Entwurf einer europäischen und einer Welt-Friedensordnung. Sie sind auf fast 200 Seiten so genau ausgeführt, als ob der Verfasser von seinen Überlegungen durch Verhaftung und Prozeß „nur beiläufig" abgelenkt worden sei. Zwar formuliert er frühere Ansätze nur aus, Ritter nennt sie jedoch „die reifste und knappste Form" seiner Vorstellungen.

Absicherung des Rechtsstaates, der Grundrechte und einer „nur der Wahrheit verpflichteten" Presse müssen Voraussetzungen des neuen Staatsfundamentes werden; er nennt sie gleich zu Beginn. Ausführlich widmet er sich der Organisation von Regierung und Verwaltung. Dem Reichstag, im wesentlichen nur ein Kontrollorgan, ordnet er ein „Ständehaus" zu; berufsständische Repräsentanten sollen ihren Sachverstand in den Entscheidungsprozeß der Volksvertreter einbringen; das konstruktive Mißtrauensvotum des Reichstages soll Handlungsfähigkeit garantieren.

Mit der gleichen Gründlichkeit, die dem neu zu errichtenden Staat gilt, beschäftigt er sich mit der territorialen Ordnung Europas. Nach wie vor hält er an nationalen Grenzen fest. Aber er möchte die Einzelstaaten in eine größere Einheit einbringen: in einen europäischen Staatenbund, der durch stufenweise Integration entstehen soll. Aus der Wiederaufbaugemeinschaft soll ein europäischer Wirtschaftsbund hervorgehen, er soll zu einer Verteidigungsgemeinschaft erweitert werden, und schließlich soll aus diesen Unionen der politische Verband hervorgehen. „Allmählich begeben sich so die einzelnen europäischen Staaten ihrer Selbständigkeit – unmerklich und alle im gleichen Tempo werden sie europäisiert."

In einem solchen Staatenbund könnten endlich auch in Europa die Völker friedlich miteinander leben – allerdings nur, wenn auch die geistigen Voraussetzungen geschaffen werden. „Eine neue Gesinnung der gegenseitigen Achtung aller Völker ist Vorbedingung."

Dem unermeßlichen Schuldproblem weicht er nicht aus, das nationale Positionen ja von vornherein entwertet: „Nie hat die Welt gleiche gnadenlose Unbarmherzigkeiten und Unmenschlichkeiten gesehen. Hunderttausende von Juden sind von ihm (Hitler) dahingemordet; erschossen die einen, vergiftet oder vergast die anderen, verhungert die dritten. Männer vor den Augen ihrer Frauen, Frauen vor den Augen ihrer Männer, Kinder im Angesicht der Eltern, Eltern vor den verzweifelten Blicken ihrer eigenen Kinder, alle aber vor dem Antlitz Gottes! Sie haben sich gegenseitig einscharren müssen!...

Hunderttausende von Ruthenen, Polen, Ukrainern, Slowenen sind aus ihrer Heimat vertrieben, ihres Eigentums beraubt, dem Hunger oder dem Tode ausgeliefert. Hunderttausende von Russen sind dem Hunger preisgegeben, so hatte es Hitler befohlen. In den von deutschen Truppen besetzten Gebieten sind alle nur denkbaren Schandtaten begangen ..."

Und dennoch – die Überwinder Hitler-Deutschlands sollten nicht dem Rache –, sondern dem Befreiungsgedanken folgen: „Die Sieger beschwöre ich, daß sie Vernunft walten lassen ... So muß auch hier der schöpferische anstelle des richtenden Gedankens stehen." Alle Schriften, die in diesen Monaten entstehen, werden nicht müde, die Verantwortlichen zu mahnen, ihre politische Energie an ein Leben in Freiheit und Frieden für alle zu setzen.

Zunächst müsse ein europäischer Bund entstehen: „Nie wieder Krieg in Europa" habe seine Devise zu sein. Darüber muß sich die Organisation für einen Weltbund spannen: „Alles zur Vermeidung neuer Kriege!" Endlich soll ein „Werk der Versöhnung" eingeleitet werden. – Die Botschaft dieser Zeilen, die an Kants „Zum Ewigen Frieden" erinnern, ist eine an den Verstand und die Herzen der Menschen gerichtete anfeuernde Mahnung.

Ist mein Vater, als er diese 200 Seiten dicht beschreibt, allem persönlichen Leid des Augenblicks entrückt? Nein, gewiß nicht! – Not und Verlassenheit hat er durchleben müssen, aber seine Gedanken führten ihn folgerichtig über sein persönliches Schicksal hinaus, gerade indem sie ihn auf die Gewissensprüfung jedes einzelnen verwiesen. Sein Monolog setzt oft unvermittelt mit immer neuen Überlegungen an, verliert sich manchmal in Rekapitulationen des Gewesenen, drückt Unruhe aus, da er nicht weiß, wieviel Zeit ihm zum Schreiben bleibt – kehrt aber immer zu seinem Ausgangspunkt zurück: der persönlichen Verantwortung vor dem moralischen Gesetz, das über Regierungen und Parlamenten steht.

„Ich bin am 8. 9. vom Volksgerichtshof wegen Landes- und

Hochverrats sowie als Kriegsspion für den Feind verurteilt worden." Mit diesem Satz beginnen „Die Gedanken eines zum Tode Verurteilten", und mit ihm beginnt auch zunächst die Auseinandersetzung meines Vaters mit seiner Verurteilung. Er lehnt es ab, je als Spion oder Landesverräter tätig gewesen zu sein. Die Regierung wollte er stürzen, das Vaterland retten. „Ich beging Hochverrat nach dem Gesetz, aber zur Rettung Deutschlands ... Unser Volk wird 1945 entsetzt sein, wenn es erfährt, welche Rettung möglich war, und diejenigen, die sie, wenn auch vergeblich, versuchten, nicht mehr verdammen."

Erst auf diesen Seiten, vor einem imaginären Publikum, kann der zum Tode Verurteilte nun seine Rechtfertigung und die Verteidigung seiner politischen Freunde begründen. Die Prozeßführung hatte ihnen allen dies versagt: „Meinem Verteidiger war meine Verteidigung ein Greuel. Er erschien am Abend vor dem Termin zur Besprechung von 45 Minuten. Er hat mich angeklagt, aber nicht den leisesten Versuch unternommen, mich gegen die Anklage der Spionage zu verteidigen. Mir selbst wurde jede ruhige zusammenhängende Verteidigung abgeschnitten. Keiner von uns Angeklagten durfte auch nur drei zusammenhängende Sätze sprechen. Der Vorsitzende sprach fast ausschließlich allein. Wir konnten unsere Motive nicht darlegen, nichts. Es stand von vornherein fest, daß wir als dumme und ehrlose Verbrecher erscheinen sollten und mußten."

Wie anders hatte sich mein Vater einen Prozeß nach einem gelungenen Umsturz vorgestellt! Wieder kann er die Öffentlichkeit nicht mit der Wahrheit konfrontieren; keinen Prozeß der Selbstbesinnung und Selbstreinigung einleiten. Wieder kann er sich nur dem tauben Papier anvertrauen, um die Wahrheit festzuhalten. Dennoch erlaubt er sich keine Wehleidigkeit. Unbeirrt hält er daran fest, noch in die Zukunft wirken zu können. „Nutzt unser Tun", so ruft er dem zukünftigen Leser zu, „nutzt diese Tatsachen wie ich sie hier mitteile (er hat zuvor auf seine Bemühungen, den Krieg zu verhindern, hingewiesen) ... um vor der Welt euch darauf zu berufen, daß es Deutsche gab, die alles wagten, um vom Vaterland und von anderen Völkern weitere Opfer und weiteres Unheil abzuwenden." Im Opfer des Lebens müsse ein Sinn liegen, den zu erkennen und zu verwirklichen Aufgabe der Überlebenden ist: konnte der Widerstand das Böse nicht schon zu seiner Zeit besiegen, soll er doch in der Niederlage einer humanen Zukunft die Bahn brechen.

Tiefe Not, Zweifel und Beunruhigungen überfallen meinen Vater wohl erst nach dem sogenannten „Prozeß". Selbstbesinnung, die er jetzt brauchte, versagte man ihm, nötigte ihn, seine Gemütskräfte und seinen Verstand anderen Belastungen auszusetzen. Carl Goerdeler und Johannes Popitz, die Gefangenen, mußten (wohl im Auftrag Himmlers) Pläne für den Wiederaufbau deutscher Städte entwerfen. Himmler stellte Überlegungen an, Hitler auszuschalten, eventuell über die Beziehungen der prominenten Häftlinge einen erträglichen Frieden auszuhandeln – so weiß Gerhard Ritter zu berichten. Die uns übergebenen Schriftstücke enthalten dazu nur Andeutungen. Nirgends ist die Hoffnung ausgesprochen, daß sich das Geschick noch aufhalten ließe. Viel Ungeklärtes, Unerklärtes wird es für diese letzten Lebensmonate geben. Ich bleibe bei meinem Vorhaben, nur dem seelischen Weg meines Vaters nachzugehen, Nähe zu suchen, die mir damals nicht gegeben war.

Verzweifelte Briefe richtete mein Vater an alte Freunde, sich unser anzunehmen, die Freiheit für uns zu erwirken und uns zu irgendeiner Existenzmöglichkeit zu verhelfen. Er weiß uns völlig mittellos, da das Urteil auch auf Einzug sämtlichen Eigentums und aller Einkünfte lautete. Ob der Gefängniswärter meinen Vater in dem Glauben ließ, die Briefe würden sofort übermittelt? Wohl kaum, denn schon heimlich die Papiere herauszubringen, bedurfte einigen Mutes – war aber auch eine Art Zukunftssicherung für die Entlastung nach dem Krieg.

„Wie haben sie mich mit Euerm Schicksal gequält" – nur an den Rand des „Vermächtnisses" wagt sich dieser Ausruf der Verzweiflung. Es bedarf – nach meinen Erfahrungen mit der Gestapo – keiner ausufernden Phantasie, um mir vorstellen zu können, wie es meinem Vater ergangen ist.

Daß wir alle verhaftet sind, läßt man ihn wissen. Schadlos will man sich an uns halten, wenn er nicht wahrheitsgemäß aussagt. Kurze Zeit waren wir nach den Gefängnismonaten in einer Bude im Riesengebirge „feudal" interniert. Das erfährt er. Droht man ihm nun mit unserer Verbringung in ein Konzentrationslager? Sagt man ihm, daß man uns Ende November in das Konzentrationslager Stutthof bei Danzig gebracht hat? Jedenfalls quälte man ihn damit, daß seine zwei Enkel, drei Jahre alt der eine, neun Monate der andere, ihrer Mutter weggenommen und in ein Kinderheim gebracht wurden, während ihre Mutter von der Gestapo in ein Gefängnis eingeliefert wurde. Die Nachricht von dem Todesurteil gegen den treuen Bruder Fritz bringt Carl Goerdeler fast von Sinnen.

Quälend müssen für ihn die zahllosen Verhöre gewesen sein. Schuldgefühle und Rettungsversuche zwingen ihn gleichermaßen in die Verantwortung. Die Verhöre müssen unter je sehr verschiedenen Bedingungen stattgefunden haben und ziehen sich bis in den Januar 1945. Das für den Aufbau des Widerstandes notwendige Netz der Beziehungen wird zum Fangnetz, die Fülle von Goerdelers Beziehungen zu einer Fülle von Fallstricken. Sein Freund Constantin von Dietze wird ihm bereits am 25. September gegenübergestellt. Am Ende des Krieges befreit, ist er betroffen davon, daß man Goerdeler der „Aussagefreudigkeit" beschuldigt, und schickt mir seine Notizen aus der Haft, drei Wochen nach dem Verhör aufgezeichnet. Sie sind ein erschütterndes Dokument. Dietze ist fest davon überzeugt, die Gestapo habe zu dieser Zeit meinen Vater unter Drogen gesetzt. Nur noch an der Stimme habe er meinen Vater erkannt, der den verhörenden Beamten unausgesetzt anschauen mußte und viel mehr Angaben, teils richtige, teils falsche, machte als notwendig. Dietze schließt seinen Bericht: „Dann wurde er abgeführt. Ich sah, daß er an den Füßen eine Kette hatte. Mich blickte er nicht mehr an. Es war erschütternd. Ich war bewegt von Mitleid und Fürbitte und mußte denken: welch edler Geist ist hier zerstört."

Falls die Geheimpolizei 1944 über Psychopharmaka verfügte, die den Willen beeinflussen („Wahrheitsdrogen"), so muß sie entweder den Gewöhnungseffekt übersehen oder gegen Ende des Krieges das Interesse verloren haben, den „Patienten zu präparieren". Denn es gelang ihm, noch manchen Bedrohten von dem Verdacht zu befreien, in die Verschwörung verstrickt zu sein. Friedrich Ernst, ehemaliger Reichsbankkommissar, berichtet, wie mein Vater das observierte Gespräch strikt auf wirtschaftliche Themen reduzierte und ihn so geschickt aus der Gefahrenzone zog. Vorher habe Goerdeler ihm noch zugeflüstert: „Sie müssen verstehen, ich werde nach so vielen Namen gefragt, es tauchen so viele Namen auf, daß ich Namen zugeben und nennen muß, von denen ich glaube, daß sie nicht zu retten sind. Nur so kann ich meine Glaubwürdigkeit für andere Fälle behalten."

Auch Gerhard Ritter wird ihm – noch im Januar – gegenübergestellt. „Ich war erstaunt über die unversehrte Kraft seines Geistes, aber zugleich doch erschrocken über seine äußere Erscheinung. Ein jäh gealterter Mann stand vor mir, in Ketten an Händen und Füßen gefesselt in derselben leichten Sommerkleidung, in der man ihn verhaftet hatte, aber abgeschabt und ohne Kragen, das Gesicht abgemagert und seltsam verändert. Am tiefsten erschütterte mich der Anblick seiner Augen: diese sonst so blitzenden, hellgrauen Augen, deren Leuchten unter den stark vorgewölbten Stirnbögen für mich immer den stärksten Eindruck seiner äußeren Erscheinung gewesen war. Jetzt waren sie völlig glanzlos, wie die Augen eines Blinden – ein Anblick wie ich ihn noch an keinem Menschen erlebt habe. Seine geistige Kraft war noch immer die alte; aber nicht die seelische. Die natürliche Freudigkeit seines Wesens schien erloschen, der Blick ganz nach innen gekehrt: was vor mir stand, war ein im tiefsten Seelengrund todtrauriger Mann."

Nach dem Mißlingen des Attentats hatte mein Vater versucht, einen Sinn des Widerstehens zu retten. Aber letztlich drohte im Scheitern der Verschwörung seine Welt zusammenzubrechen. Und er rechtet mit Gott: „Denn wenn ich so recht erkenne, weshalb läßt Gott die Menschen, die seine Gebote befolgen, im Stich und läßt diejenigen, die sie offenbar verachten und ihre Mitmenschen quälen, ihr unheilvolles Werk weitertreiben, läßt Millionen unschuldiger Menschen ... in bittere Not, in schwerstes Leid geraten, angerichtet von jenen Kräften des Bösen ...

Oder es gibt nur einen gerechten Gott, der sich selbst an die Gesetze hält, die er der Natur gegeben hat und sich begnügt, uns seine Gebote für unser sittliches Leben gegeben zu haben. Nun ist es an uns, ihnen strikt zu folgen. Tun wir es nicht, versäumen wir den richtigen Entschluß zur rechten Zeit, sehen wir zu, wie die Juden ausgerottet werden, so haben wir die Folgen zu tragen, wir und die Unschuldigen, auch die unschuldigen Kinder ...

Er (Gott) fordert darüber hinaus Energie in der rechten Richtung von uns und würde so wenigstens imstande sein, einen allmählichen sittlichen Fortschritt zu erzwingen. Aber auf seinem Wege liegen Leid und Not, Qual und Leiden."

Kein Pfarrer hat meinen Vater aufsuchen dürfen, jeder geistliche Zuspruch war ihm verwehrt. Aber hätte er ihm Trost bringen können? Abgrundtief sind seine Zweifel, sein Geist unversöhnt — wenn Gerechtigkeit in dieser Welt nicht wohnen darf. Zeit meines Lebens habe ich die leidenschaftlichen Fragen meines Vaters nach der Gerechtigkeit Gottes und sein Aufbegehren gegen die Sinnlosigkeit des Geschehens nachvollziehen können. Und doch möchte ich sagen dürfen: sein Weg ist ein Stück des Weges von Karfreitag, wo er am dunkelsten ist und die Sonne ihren Schein verliert.

Nie aber vermochten Zweifel und Verzweiflung die Entscheidung zur Tat des Widerstandes in Frage zu stellen. Im ersten Entsetzen hatte mein Vater das Mißlingen des Attentates als Strafe für die Verletzung des Fünften Gebotes „Du sollst nicht töten!" angesehen. In Aufzeichnungen, die er am 31. Januar, zwei Tage vor seinem Tod, verfaßte, bekannte sich Carl Goerdeler ausdrücklich zu allen Mitverschwörern und der gemeinsamen Verantwortung:

„Ich decke nicht das Attentat. Aber es tritt hinter dem, was an unserem Volke und anderen Völkern verbrochen ist, vollkommen zurück. In Wahrheit handelt es sich um einen großen, verzweifelten Versuch, das Vaterland und die Welt aus dem entsetzlichen Unglück zu retten, in das menschliche Schuld sie versetzt hat. Diejenigen, die diesen Versuch gewagt haben, sind keine Verbrecher."

Epilog

Am 30. April 1945, laut war die amerikanische Artillerie zu hören, wurden wir aus dem Konzentrationslager Dachau abtransportiert.

Unvergeßlich hat sich mir dieser Abend eingeprägt. Heute erscheint er mir stellvertretend für alle Not jener Tage.

Diesmal waren die Fenster des Busses nicht verhängt, und die Wachmannschaften spürbar nervös. – Wir fuhren in den sinkenden Tag. Die schräge Sonne beleuchtete mit scharfen Strahlen eine gespenstische Szene: Wir fuhren eine Stunde lang, kilometerlang, vorbei an marschierenden, nein, sich hinschleppenden Häftlingskolonnen. Zahllos schienen diese abgemagerten Elendsgestalten, zu Nummern entwürdigt mit ihren kahlgeschorenen Köpfen und in der graugestreiften Häftlingskleidung. Bis in den Bus hörten wir den harten Tritt ihrer Holzschuhe, halb schlurfend, halb marschierend.

Ein grausamer Widersinn lag in dem Bild: Mitten im Chaos des Zusammenbruchs und der Auflösung waren sie noch unter dem Kommando ihrer Bewacher in Reihen und Blocks organisiert und geordnet. Am Straßenrand lagen tote Häftlinge, erschossen oder vor Schwäche umgekommen. – Wohin ging der Weg für die anderen?

War es ein Marsch in die Freiheit? Oder – im Angesicht der Freiheit – zum Erschießen, in den Tod? Todesfurcht und Hoffnung auf Freiheit hielten auch uns in äußerster Spannung. Und diese Spannung wird die Seelen vieler Menschen damals fast zerrissen haben. Auf der Flucht, im sinnlosen Kampf, in der Angst der Bombennächte.

Unser Häftlingstransport erlebte fünf Tage später die Befreiung durch amerikanische Truppen: der Krieg war zu Ende. Viele jüngere Menschen stellen sich diese Befreiung nur als strahlendes Erlebnis vor. Und natürlich war es auch zunächst überwältigend schön, wieder frei zu sein. Freundliche Soldaten sorgten für uns. Frei konnten wir uns auf dieser Welt bewegen, spürten jeden Augenblick, daß es keine Bewacher mehr gab, keine hohen Zäune und Wachtürme, Krieg und Gefangenschaft wirklich ein Ende hatten. Aber diese Welt, in die wir zurückkehrten, war nicht nur eine Welt mit blühenden Bäumen, grünen Wiesen und freundlichen Menschen; sie war auch eine Welt voller Zerstörung, Leid und unersetzlichen Verlusten.

Es gab für mich kein beschützendes Elternhaus mehr, nicht die Rückkehr nach Leipzig, nicht die geliebte ostpreußische Heimat, in der wir viele glückliche Jahre verbracht hatten. Und vor allem nicht den Vater. Ohne ihn war nun das Leben zu bestehen.

Sein gewaltsamer Tod und der Tod der Mitverschworenen war nun Tatsache. Und ihre Hoffnungen waren gescheitert, das deutsche Volk könne sich aus eigener politischer und moralischer Kraft von dem verbrecherischen Hitler-Regime befreien, in eigener Verantwortung seine Freiheit erkämpfen.

Die Widerstandskämpfer *allein* hatten das millionenfache Weiter-Sterben, Weiter-Morden und die fürchterlichen Zerstörungen nicht aufhalten können.

Mit unserer neuen, beglückenden Freiheit kamen wir in eine im doppelten Sinne kaputte Welt: Ein hoher Preis ist für diese Freiheit bezahlt worden.

LITERATURVERZEICHNIS

Die von mir zitierten Originalquellen entstammen zum großen Teil noch unveröffentlichten Dokumenten. Die wichtigsten werden in der von M. Krüger-Charlé betreuten Ausgabe von Goerdeler-Dokumenten enthalten sein, die demnächst im Druck erscheint. „Das Politische Testament" und die „X-Documents", die eine Anzahl von Briefen meines Vaters enthalten, sind zwar schon im Ausland im Druck erschienen, aber vergriffen. Die „X-Documents" werden in deutscher Übersetzung, hrsg. von H. Krausnick und Krüger-Charlé demnächst vorliegen.

Aus der Fülle der Literatur über den Deutschen Widerstand habe ich fast ausschließlich autobiographische Publikationen in meinem Text verarbeitet. Einige der Materialien lagen Gerhard Ritter bei seiner großen Biographie noch nicht vor (so z. B. Brüning-Memoiren u. -Briefe, Groscurth-Tagebücher u. a.).

Böhm, Franz: Begegnungen mit Carl Goerdeler, in: Forschungsbericht 8 der Konrad-Adenauer-Stiftung, Melle 1980.

Brüning, Heinrich: Gespräche und Briefe 1934–1945, Stuttgart 1974.

Bullock, Alan: Hitler, Düsseldorf 1954.

Deutsch, Harald C.: Verschwörung gegen den Krieg, München 1969.

Graml, Hermann: Die außenpolitischen Vorstellungen des deutschen Widerstandes, in: Der deutsche Widerstand gegen Hitler, hrsg. v. W. Schmitthenner und H. Buchheim, Köln, Berlin 1966.

Groscurth, Helmuth: Tagebücher eines Abwehroffiziers, hrsg. v. H. Krausnick und H. C. Deutsch, Stuttgart 1970.

von Hassell, Ulrich: Vom andern Deutschland, Frankfurt 1964.

Hofmann, Wolfgang: Zwischen Rathaus und Reichskanzlei, Stuttgart 1974.

von Klemperer, Klemens: Nationale oder internationale Außenpolitik des Widerstands, in: Der Widerstand gegen den Nationalsozialismus, München 1985.

Mommsen, Hans: Die deutschen Gewerkschaften zwischen Anpassung und Widerstand 1933–1944, in: Arbeiterbewegung und nationale Frage, Göttingen 1979.

Nebgen-Kaiser, Elfriede: Jakob Kaiser – der Widerstandskämpfer, Stuttgart 1967.

Portner, Ernst: Koch-Wesers Verfassungsentwurf. In: Vierteljahreshefte für Zeitgeschichte 1966, S. 209 ff.

Ritter, Gerhard: Carl Goerdeler, Stuttgart 1984 (Neuausgabe).

Roon, Ger, van: Hermann Kaiser und der deutsche Widerstand, Vierteljahreshefte für Zeitgeschichte 24 (1976).

von Schlabrendorff, Fabian: Offiziere gegen Hitler, Berlin 1984.

Schramm, Wilhelm: Beck und Goerdeler / Gemeinschaftsdokumente, München 1965.

Somary, Felix: Erinnerungen aus meinem Leben, Zürich o. J.

A. P. Young: Across the Years, London 1971.

–: The X-Documents, Ed. by Sidney Aster.

Reden, die
die Republik bewegten

Herausgegeben und eingeleitet von Horst Ferdinand

Band 1532, 496 Seiten

Ob Napoleon recht hat mit dem Satz, mitreißende Redner seien selten gute Politiker? Sicher gilt seine Umkehrung: Selten gelingt auch guten Politikern eine Rede, die nicht nur Anhänger mitreißt, sondern auch im anderen Lager Nachdenken oder gar Sinneswandel erzeugt. Das vorliegende Taschenbuch dokumentiert solche „Sternstunden der Republik", in denen sich grundlegende Entscheidungen ankündigten oder konkretisierten. Es bietet die wesentlichen Redepassagen im Wortlaut und zeichnet ihr Umfeld und die politische Wirkung nach. Der Herausgeber, Horst Ferdinand, stützt sich dabei nicht nur auf intensive Quellenstudien. Er war Augenzeuge, denn seit 1949 stand er im Dienst des Deutschen Bundestages. Zuletzt leitete er, bis zu seiner Pensionierung 1985, als Ministerialrat das Referat Interparlamentarische Angelegenheiten.

Reden von:
Theodor Heuss, Kurt Schumacher, Ludwig Erhard, Hermann Ehlers, Franz Josef Strauß, Eugen Gerstenmaier, Marie-Elisabeth Lüders, Kurt Georg Kiesinger, Konrad Adenauer, Franz Böhm, Richard Jaeger, Hans Furler, Thomas Dehler, Herbert Wehner, Willy Brandt, Fritz Erler, Gustav Heinemann, Karl Theodor Freiherr von und zu Guttenberg, Carlo Schmid, Gerhard Schröder, Annemarie Renger, Walter Scheel, Helmut Schmidt, Rainer Barzel, Richard von Weizsäcker

Herder Taschenbuch Verlag

Ein Leben für die Politik?

Briefe an jüngere Mitbürger
Herausgegeben von Sonja Schmid-Burgk

Band 1573, 160 Seiten

Die Affären der letzten Zeit haben das Vertrauen in unsere Republik schwer erschüttert. Geht es nur noch um Machterhalt? Staatsverdrossenheit greift um sich. In dieser Situation greifen Persönlichkeiten zur Feder, deren Namen mit dem demokratischen Wiederaufbau eng verknüpft ist. Sie kamen aus den verschiedensten Lagern, jedoch geprägt durch das gemeinsame Erleben von Diktatur, Krieg und Zerstörung. Mit welchen Zielvorstellungen und Hoffnungen sind sie damals angetreten? Welche ermutigenden, welche warnenden Erfahrungen haben sie gesammelt? Welche Zukunft sehen sie für jüngere Mitbürger, die sich politisch engagieren wollen? Ihre Briefe sind ein aufschlußreicher Rückblick auf die innere Geschichte der Bundesrepublik und ein überzeugendes Plädoyer für eine glaubwürdige Demokratie.

Mit Beiträgen von:
Gerd Bucerius, Katharina Focke, Liselotte Funke, Johann Baptist Gradl, Annemarie Griesinger, Hildegard Hamm-Brücher, Kai-Uwe von Hassel, Bruno Heck, Hermann Höcherl, Richard Jaeger, Marlene Lenz, Erich Mende, Ludwig Metzger, Annmarie Renger, Oscar Schneider, Gerhard Schöder, Franz Josef Strauß, Richard Stücklen, Hanna Walz

Herder Taschenbuch Verlag